CHASEU

PAR

Eugène FYOT

AUTUN
IMPRIMERIE ET LIBRAIRIE DEJUSSIEU
1908

RUINES DE CHASEU

CHASEU

PAR

Eugène FYOT

AUTUN
IMPRIMERIE ET LIBRAIRIE DEJUSSIEU
1908

EXTRAIT DES MÉMOIRES DE LA SOCIÉTÉ ÉDUENNE (NOUVELLE SÉRIE)
TOME XXXVI (ANNÉE 1908).

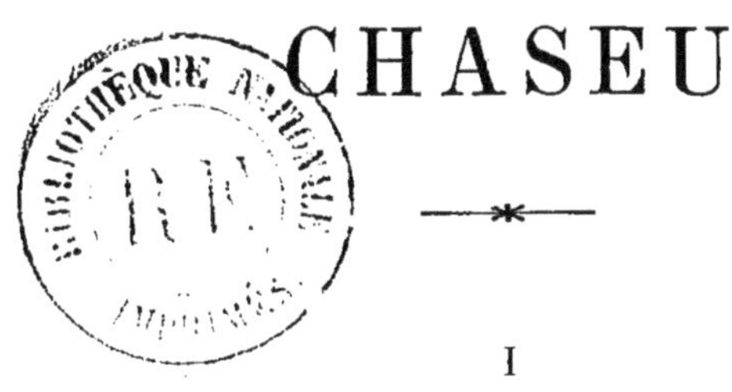

CHASEU

I

Près du village de Laizy, à l'ouest de la voie ferrée qui relie Autun à Étang, les voyageurs ne manquent jamais d'admirer en passant les ruines de Chaseu, si curieusement assises au bord de l'Arroux. Mais ils n'ont pas le temps d'observer, la vitesse dévore le paysage.

Que de fois, spectateur résigné de ce diorama fuyant, je me proposai d'étudier à loisir, quand l'occasion viendrait, l'ancienne résidence des Rabutin! Cette occasion je n'ai pu la saisir qu'au mois d'août 1907.

On va de Laizy à Chaseu par le plus gentil sentier du monde, cheminant dans les genêts et les bruyères sur le bord de la rivière. Celle-ci, à de certains endroits, se replie et se divise de façon bizarre, comme par coquetterie, formant des îlots de verdure, parsemant ses rives de roches grisâtres semblables à des tortues préhistoriques. Et c'est là qu'en pleine vallée on trouve les ruines de Chaseu.

Je ne sais plus quel philosophe, Taine, je crois, disait : « Pour que les ruines soient belles, il faut qu'elles soient grandioses ou noircies par le temps. » A ce compte, le touriste n'aurait plus qu'à tourner le dos à Chaseu. On n'y peut découvrir la majesté des nids d'aigles perchés sur des rocs, ni la puissance des antiques forteresses entourées de sombres remparts. Chaseu est intime, point du tout militaire, à peine clos d'un fossé circulaire qui le protégeait contre les malandrins.

Je ne sais pourquoi ses murailles mêmes ont gardé cette

teinte lavée qui jure avec leur délabrement. Il semble que tout cela reflète encore les mœurs aimables des beaux seigneurs et des gracieuses châtelaines qui en firent jadis leur résidence.

Et comme je m'abandonnais à ces souvenirs, le ciel lui-même se mit en frais pour compléter l'harmonie du tableau. Je fus témoin, sur le soir, du plus merveilleux coucher de soleil qu'on puisse rêver. Dès que l'astre eut disparu derrière le Beuvray, d'immenses traînées d'or et de feu, tamisées par les stratus de l'horizon, empourprèrent le ciel dans une apothéose. Et les eaux de l'Arroux, tranquilles comme un miroir, reproduisaient entre leurs rives assombries ces éclats invraisemblables qu'on eût dit sortir d'une fournaise enfouie aux entrailles de la terre.

Sur le fond de lumière se détachait, en vigueur, la silhouette délicate des tours à machicoulis que relient des pans de murs ajourés, transformés par le temps en de simples courtines. Leur pied baignait dans l'ombre qui s'allongeait jusqu'aux bandes lumineuses de l'Arroux.

C'était délicieux de calme et de magnificence, et je compris comment le fameux Bussy endurait ici, sans trop d'impatience, les longues années d'exil que lui valurent ses imprudences et sa causticité.

On ignore ce que furent, à l'origine, les constructions de Chaseu. Le nom même dérivant de *Casa* ou *Casola* [1], cabane, indiquerait un commencement modeste, au temps où l'évêché d'Autun en était possesseur. Vraisemblablement, la maison forte, mentionnée au quatorzième siècle, remonte aux Longvy. D'ailleurs, le plan des ruines rappelle un peu la forteresse, mais une forteresse parée de dentelles par le grand siècle. Ne fallait-il pas quelque chose de riant,

1. *Casola* justifierait l'ancienne orthographe Chaseul, fréquente dans les chartes. Si j'adopte la forme « Chaseu », c'est que Bussy l'employa toujours dans ses lettres. On trouve également *Chaseul*, ancien nom de la paroisse de Saint-Firmin, canton du Creusot.

d'agréablement confortable pour ce raffiné de Bussy, préoccupé de ses réceptions et des visites qu'il recevait parfois des gens de cour? Mais, n'anticipons pas, nous le verrons à l'œuvre, et constatons sommairement ce qu'était la résidence qu'il avait embellie avec tant d'amour. Nous verrons ensuite ce qu'il en reste aujourd'hui.

Voici la description textuelle donnée par le dénombrement du 4 août 1664 :

Le chateau dudit Chaseul consistant en deux grandes tours de quatre estages chacune, quatre autres tours de deux estages chacune avec les corps de logis entre lesdites tours, un pont levis à l'entrée dudit chateau, iceluy entouré d'un grand fossé remply d'eau revestu de murailles de tous costés, une chapelle au devant dudit chateau avec les aisances et dépendances d'iceluy.

Le tout formait un pentagone irrégulier comprenant un demi-hectare environ. La cour d'honneur était au centre. On en cultive aujourd'hui ce qu'on a pu disputer aux ronces.

Les deux grandes tours s'élevaient sur plan carré. L'une, au nord, la plus vaste, servait de donjon. Il n'en reste qu'un pan de mur avec d'élégantes colonnettes bizarrement suspendues au premier étage. C'étaient les montants d'une cheminée monumentale.

L'autre tour existe toujours, dépouillée de l'étage supérieur avec son couronnement en machicoulis. Elle surmonte le passage voûté que desservait le pont-levis, et, telle qu'elle est, mesure encore plus de dix mètres de hauteur.[1]

Les quatre tours à deux étages, bien que très délabrées, ne sont pas démolies. Elles ont la forme circulaire d'un diamètre de huit à neuf mètres, et sont garnies d'élégants machicoulis à triple encorbellement, plus aptes à la décoration qu'à la défense. La première tour à droite du pont-

1. Il se pourrait cependant que cette tour étant simplement mentionnée comme pont-levis, une grande tour eût encore existé au levant, dans la partie détruite.

levis lui est reliée par une muraille ajourée de deux grandes arcades en plein cintre, œuvre probable de Bussy-Rabutin. Une gaine de cheminée, dénudée par la disparition de la toiture conique, se dresse de singulière façon au-dessus des machicoulis.

Le pan de mur du sud-est relie cette première tour circulaire à une deuxième en tout semblable. De grandes fenêtres rectangulaires à montants chanfreinés éclairaient le corps de bâtiment disparu, sans compter les meurtrières, souvenir d'un âge antérieur.

Au nord-est, il subsiste peu de chose.

La troisième tour circulaire, du même modèle que les précédentes, mais plus ruinée, est encombrée de ronces. Ses lézardes et ses excavations servent d'abri à toute une armée de crécerelles, ces petits autours que Buffon rangeait dans la catégorie des oiseaux nobles et généreux. Elles ont grand air, d'ailleurs, avec leurs ailes fauves effilées et leur vol glissant. C'est une race guerrière et bruyante qui détruit sans merci les reptiles, mais aussi, hélas ! les petits oiseaux.

L'aile nord-ouest, à moitié conservée, sert de hangars et de magasins à fourrages. On pénètre aisément dans la quatrième tour circulaire décapitée pour l'installation d'une toiture moderne.

Certes, les ruines sont toujours imposantes, mélancoliques aussi, et non sans charme. « Il existe en elles, disait Châteaubriand, quelque chose qui flatte notre faiblesse. » L'époque romantique aimait à y faire jouer les rayons de lune qui projetaient de grandes ombres mystérieuses où les imaginations de nos pères trouvaient des sylphes et des fantômes. Or, je m'imagine que si Chaseu ne put échapper à ces poétiques superstitions, il ne fut peuplé que de génies bienfaisants ou d'aimables fées. Les ruines ont leur langage et celles de Chaseu portent encore l'empreinte du siècle des élégances et de l'urbanité.

II

LES LONGVY [1]

J'ai dit, à propos des origines de Chaseu, que l'évêché d'Autun en avait la possession primitive. Voici sur quoi se base mon assertion : nous savons que la seigneurie de Glenne appartenait à l'évêque d'Autun avant le onzième siècle[2]. Or, il est certain que Chaseu faisait partie de cette seigneurie. Outre la présomption résultant du voisinage, quelques documents plus explicites en sont la preuve.

Ainsi il est avéré que Laisy et, par suite vraisemblablement Chaseu, dépendaient des premiers seigneurs de Glenne. En effet, une bulle d'Innocent II, datée de Lyon, le 26 février 1132, confirme certaine donation d'une terre sise à Laisy, que fit Gauthier de Glenne au Chapitre d'Autun « pro anime sue remedio. »[3]

Une autre pièce, sorte de dénombrement, daté du 12 juin 1262[4], cite Chaseu parmi les fiefs mouvants de Glenne. « Item dominus de Chasuil debet esse in homagio domini de Glane[5] super omnia levia (au sens de fief) et Chasuil jurabilis et reddibilis cum appendiciis..... Item Laisey cum appendiciis suis sunt de feodo Glane..... »

Officiellement, le nom de Chaseu n'apparaît donc qu'à partir du treizième siècle. C'est alors un arrière-fief, mais quel en est le seigneur ? Un inventaire de 1298 seulement[6] nous fixe sur ce point. On y trouve au folio 57 v°, la mention suivante : « Je *Jehan de Lonvy* hay pris en fié de Mons. le duc Robert li terres de Chaseul-les-Ostun ensamble les apartenances. »

La reprise de fief, datée du 27 novembre, nous fait

1. Les Longvy portèrent « d'azur bandé d'or. »
2. V. *Glenne*, par E. Fyot, p. 6 et suivantes.
3. *Cartulaire de l'Église d'Autun*, par A. de Charmasse, t. I, p. 6.
4. *Cartulaire de l'Évêché d'Autun*, p. 207.
5. Pierre de Reclenne.
6. Arch. de la Côte-d'Or, B, 11944.

savoir que l'écuyer Jehan de Longvi reprend de fief la terre de Chaseu qu'il tenait « de franc-alleu » avant la rédaction des lettres de reprise.

Une contradiction semble résulter de cette déclaration si on la compare au dénombrement de 1262 qui considère Chaseu comme « mouvant » de Glenne.

La contradiction n'est qu'apparente, car, au treizième siècle, il ne faut point donner à l'expression « franc-alleu », si souvent employée dans les chartes, la signification stricte originaire de « terre libre » et indépendante de toute mouvance. La nécessité d'une solidarité sociale avait, depuis longtemps déjà, transformé l'isolement individuel de la propriété allodiale en système bénéficiaire. Mais, comme théoriquement le bénéfice était essentiellement précaire, on donnait le nom d'alleu à de véritables bénéfices que la coutume ou les services de leurs possesseurs avaient rendus perpétuels en leur méritant certaines exemptions et franchises.

Au reste, ceux qui prétendaient encore à la liberté de leurs terres se trouvèrent peu à peu submergés par les envahissements de plus puissants voisins. Pour l'un ou l'autre de ces motifs, il n'est donc pas étonnant de voir, en 1262, un titre ducal affirmer la mouvance de Chaseu à la seigneurie de Glenne, alors que le possesseur lui donnait encore le titre de franc-alleu.

Si, en 1298, ce même possesseur se décide à reprendre de fief du duc de Bourgogne, c'est qu'il reconnaît que les prétentions à l'indépendance lui sont plus préjudiciables qu'utiles et qu'il trouvera son avantage à se mettre sous la protection immédiate du duché.

Cet avantage apparaît d'autant mieux que le duc mit les formes à son investiture, et que cet abandon d'alleu se fit « en manière de vendue. » Aussi Jean de Longvy touchera-t-il, à plusieurs reprises, du trésor ducal différentes sommes représentatives de cet abandon.

Il résulte, en tout cas, de ces premiers documents que l'on peut considérer les Longvy comme les seigneurs primitifs de Chaseu. Et si la famille, originaire de Dôle, en Franche-Comté [1], devînt une des plus illustres en Bourgogne, on peut dire que la seigneurie de Chaseu marqua le point de départ de sa fortune. Remarquons, en effet, que la reprise de 1298 émane de ce Jehan de Longvy, considéré comme la tête de toute la dynastie des Longvy. Son importance n'était pas grande, à cette époque, puisqu'il se qualifie simple écuyer et avoue qu'il n'a pas encore de sceau. [2]

Sa reprise ne porte d'ailleurs que sur une partie du territoire, moyennant une somme d'argent qui lui sera payée suivant l'estimation qu'en fera le sénéchal Jean de Vergy.

Plus tard, en octobre 1302, Jean de Longvy reprendra de fief la moitié de Chaseu, moyennant 200^{ll} de petits tournois [3]. Dans une troisième reprise du 4 août 1308, le même seigneur déclare que moyennant 300^{ll} de petits tournois, il reprend de fief encore une moitié de Chaseu dont il possède alors la totalité. [4]

Jean Ier de Longvy épousa la fille et héritière de Mathieu de Raon.

Il en eut un fils, *Mathieu Ier* qui épousa lui-même, par contrat du 31 janvier 1323, Alix de Vienne, fille de Hugues de Vienne et de sa seconde femme, Marguerite de Ruffey.

Il n'est fait, de Mathieu, aucune mention dans les documents de Chaseu ; mais son fils *Henry*, marié à Jeanne de Faucogney, en reprit de fief le 10 mai 1371. Retenons, au milieu du dénombrement complet qu'il en donne, la première mention de la maison forte de Chaseu, avec ses appartenances et ses terres « en justice grant et petite. »

1. V. le P. Anselme, *Hist. généal. et chronol. de la Maison royale de France* (*1726*), t. II, p. 223.
2. V. pièce justif., I.
3. V. pièce justif., II.
4. V. pièce justif., III.

Jean II de Longvy, fils de Henry, épousa Henriette de Vergy, dame de Fontaine-Française, fille de Guillaume de Vergy, Sr de Mirebeau, et d'Agnès Durnay, sa seconde femme. Un acte du 1er juillet 1382 atteste qu'ils vivaient ensemble à cette époque. « Mais Jean de Longvy, dit le père Anselme, partit en Hongrie guerroyer contre les Turcs et y trouva la mort. » Il est impossible de concilier cette assertion avec cette autre du même auteur : « Que Henriette de Vergy, femme de Jean de Longvy, était remariée à Jean de Vienne, Sr de Pagny, avant le 9 décembre 1386 », puisque la malheureuse campagne de Hongrie se fit aux environs de l'année 1396, date de la bataille de Nicopolis. Il y a donc une erreur manifeste, soit dans l'époque de la mort de Jean de Longvy, soit dans la date du second mariage de sa veuve.

Ils eurent un fils, *Mathieu II*, Sr de Givry-sur-le-Doubs et de Raon, qui épousa Bonne de la Trémoille, fille de Guillaume de la Trémoille et de Marie de Mello.

De ce mariage naquirent trois enfants :

1° Jean III de Longvy, Sr de Givry et de Raon, qui épousa, par contrat du 4 novembre 1436, Jeanne de Vienne, fille et héritière de Jean de Vienne et d'Henriette de Granson ;

2° Olivier, chevalier, Sr de Raon et de Longepierre, qui n'eut pas d'enfant de son mariage avec Claude de Villiers-Sexel, dame de Clervaut ;

3° Jeanne de Longvy, mariée, par contrat du 11 août 1427, à Claude de Beauvoir, Sr de Chastellux, maréchal de France.

Chaseu était échu à *Jeanne de Longvy*. Son mari, *le Sire de Chastellux*, peu de temps après son mariage, fut tenté par les offres du chancelier Rolin, qui se composait alors une immense fortune territoriale, et lui vendit la seigneurie de Chaseu.

Mais Jeanne de Longvy étant morte sans enfant après avoir testé, le 15 avril 1434, transmit son héritage à ses frères Jean et Olivier. Ceux-ci, dans un partage du 14 janvier 1435[1], se reconnaissent créanciers de leur beau-frère de Chastellux pour 5,000 fr., résultant aussi bien de la vente de Chaseu faite au Chancelier, que d'autres droits aux meubles et acquêts de leur sœur. Ils se partagent même le droit de réméré sur « le chatel et la seigneurie de Chaseul », mais n'usèrent jamais de ce droit, abandonnant définitivement à Rolin son acquisition. [2]

III

LES ROLIN [3], D'ORGES ET RABUTIN

Il est à présumer qu'en raison de son importance, le *Chancelier Rolin* pouvait se dispenser des formalités ordinaires, car il n'existe de lui aucune reprise de fief de Chaseu.

Un document du 8 juillet 1437, conservé aux archives de Saône-et-Loire dans le dossier de Chaseu, est une reconnaissance de redevances annuelles au profit de Nicolas Rolin par Guillaume Robert, Gaulchiers de Tronçay, écuyers, et Marguerite, fille de feu Jehan Regnart, jadis écuyer. Au reste, cette reconnaissance porte sur des mex dépendant de Chaseu, mais sur le comté de Nevers.

En l'année 1458, Nicolas Rolin voulut, de son vivant, mettre ordre à ses affaires et fixer, entre trois de ses enfants, un mode spécial de dévolution pour une partie de ses biens.

Il convoqua, le 20 mars, à Mentasolon, son fils aîné Jean Rolin, cardinal et évêque d'Autun, Guillaume Rolin, son second fils, mari de Marie de Lévis Cousan, et

1. Arch. de la Côte-d'Or, B, 11398.
2. La famille de Longvy s'éteignit au quinzième siècle en la personne de Claude de Longvy, dit le Cardinal de Givry, qui était évêque et duc de Langres en 1513.
3. Les Rolin portèrent : « d'azur à trois clefs d'or posées en pal. »

Antoine Rolin, son troisième fils, maréchal et grand veneur du Hainault, qui avait épousé Marie d'Ailly ; puis il leur fit connaître sa volonté. La terre et seigneurie de Chaseu devrait, après la mort du Chancelier, revenir à Jean, cardinal et évêque d'Autun, qui en jouirait, sa vie durant, sans pouvoir la transmettre après sa mort. Il lui serait servi, en outre, 1,000^{ll} de rente viagère par ses frères Guillaume et Antoine. Il était enfin stipulé qu'après la mort du cardinal, le domaine de Chaseu serait dévolu seulement à Guillaume, à l'exclusion de tous autres. Puis, les trois frères jurèrent, sur les saints Évangiles, de se conformer à la volonté de leur père, et signèrent le traité. [1]

Nicolas Rolin mourut le 18 janvier 1461. Il laissait, de son premier mariage avec Marie de Landes, quatre enfants : Jean, Guillaume, Antoine et Philippote, mariée à Guillaume d'Oyselet. La veuve du Chancelier, Guigone de Salins avait eu de lui Louis, Sr Présilly, tué plus tard à Granson, et Claudine-Guigone de Salins venant, dans le règlement de la succession de son mari, en concurrence avec les enfants du premier lit, il fallut procéder à un partage, le 27 avril 1462.

Il y est spécifié, entre autres dispositions, que *Jean Rolin, cardinal d'Autun*, se contentera de la part qui lui a été précédemment attribuée, comprenant : « les chastel, terres et seigneurie de Chaseul, Brion, Laisy et autres rentes et revenu. » [2]

Tout se passa sans difficultés tant que vécut le cardinal, mais lorsqu'il vînt à mourir, les complications surgirent.

En dépit des conventions, Jean Rolin avait légué la seigneurie de Chaseu à Sébastien, l'un des enfants naturels qu'il avait eus de Jeanne de Gouy. Sébastien s'empressa de revendiquer la délivrance de son legs. Contre lui s'éleva

1. Arch. de Saône-et-Loire. Dossier de Chaseu.
2. Arch. de la Côte-d'Or, E, 1630.

tout aussitôt Guillaume, frère du cardinal, fort du traité signé en 1458.

L'affaire fut portée devant le bailly d'Autun. Sébastien arguait, pour sa défense, le partage de 1462 qui, disait-il, annulait le précédent traité. — Guillaume répondait que Jean Rolin avait reconnu la valeur de la convention antérieure en prenant possession de Chaseu, et que, d'ailleurs, il ne pouvait tester en faveur d'un bâtard. — Comme Sébastien opposait sa légitimation, Guillaume refusait d'en reconnaître la validité.

Un copieux mélange de latin et de jargon juridique accommodait le tout [1]. Il y avait de quoi mettre à l'épreuve la subtilité du bailly. Or, bien que la sentence ne nous ait point été transmise, nous savons qu'elle fut rendue en faveur de *Sébastien Rolin* contre son oncle Guillaume ; solution caractéristique des mœurs du temps.

Sébastien avait épousé la demoiselle de Montreuil. Il en eut deux fils, *Pierre* et *Jean*, qui se partagèrent la seigneurie de Chaseu avec leur mère et leur sœur Catherine, religieuse au couvent de Saint-Andoche, à Autun.

Le 9 décembre 1515, les deux frères vendirent en commun à la dame de Montreuil, leur mère, le mex Rochereaul, par acte reçu Me Ant. La Forge, notaire à Autun. Mais, deux ans plus tard, le 20 septembre 1517, la dame de Montreuil consentit à rétrocéder à son fils Pierre la moitié du mex qui lui avait été vendu. [2]

En outre, Pierre et Jean Rolin, avec leur mère, avaient assumé la charge de payer annuellement 15^{ll} tournois à leur sœur religieuse. Ces 15^{ll} étaient ordinairement prélevées sur les revenus de Chaseu. C'est ainsi que le terme de la Saint-Ladre, en l'année 1521, fut pris sur les redevances des hommes de la Grange, en la paroisse de Monthelon. [3]

1. Arch. de Saône-et-Loire. Dossier de Chaseu.
2. Id., id.
3. Monthelon, canton d'Autun. Arch. de Saône-et-Loire. Dossier de Chaseu.

Pour la première fois, nous rencontrons, en 1536, un document sur le passage et le port de Laizy. Ce passage de l'Arroux constituait naturellement un droit de péage dont le revenu se divisait entre les seigneurs de Chaseu, le Chapitre de la Cathédrale d'Autun et Sébastien Bricard, notaire royal de Laizy. Ce droit de péage s'amodiait ordinairement moyennant une redevance fixe qui ne dépassait guère 8ˡˡ annuellement. Un traité, peu important d'ailleurs, intervint, le 7 mai 1536, entre les amodiateurs. Nous retrouverons plus loin ces droits de péage avec les complications qu'ils occasionnèrent.

Pierre Rolin épousa Isabeau du Colombier dont il eut deux enfants, un fils, Claude, et une fille, Louise.

Jean Rolin, frère de Pierre, épousa Françoise Siclier. Il n'en eut qu'une fille, Esmée.

Dans la première branche, Claude resta, semble-t-il, célibataire, tandis que sa sœur Louise fut mariée à Hugues de Rabutin, Sʳ d'Épiry.

Dans l'autre branche, Esmée épousa Antoine d'Orges, Sʳ de Villeberny.

On ignore à quelle date précise mourut Pierre Rolin, mais, un fait acquis, c'est qu'*Isabeau du Colombier*, sa veuve, se remaria avec *Jean Charvot,* probablement receveur du bailliage.

Isabeau du Colombier habitait sans doute le château de Chaseu, vers 1540, avec son second mari, car son fils, Claude Rolin et Hugues de Rabutin, son gendre, voyant d'un mauvais œil l'intrusion d'un nouveau copartageant, s'entendirent avec Antoine d'Orges pour user de violence envers leur beau-père.

Voici, d'ailleurs, le texte d'un compte de Jehan Charvot lui-même, en l'année 1540, qui, s'il n'explique pas les faits, dénonce tout au moins un acte de brigandage que les mœurs du temps ne suffisent pas à excuser. [1]

1. Arch. de la Côte-d'Or, B, 2531, fᵒ 37.

A Claude Jaÿllon, clerc, la somme de cent solz tournois que dehuz luy estoient pour ses peines et vaccations d'ung voiage par luy faict par ordonnance de mons[r] le bailly aux lieux de Chaseul Laizy que audict Ostun, illec faire informations, recolemens et confrontations du faict des oultrages voyes de faict, port d'armes et voleries faictes au chastel dudict Chaseul par Hugues de Rabutin S[r] d'Espiry, Anthoine d'Orges et Claude Rolin, seigneur de Chaseul le jeune et des Tournelles et autres leurs complices. Auquel affaire ledict Jayllon a vacqué par quinze jours entiers pour scribe, soubz maistre Philibert Deschasaulx et aultres desnommés ou mandement, comme appert par icelluy et quittance cy rendue pour recu C s. t.

Au reste, Jean Charvot mourut quelques années après cette singulière expédition, en l'année 1546. Mais c'est le 24 mars 1548 seulement que *Claude Rolin* reprit de fief de Chaseu [1]. Le dénombrement suivit par acte du 20 mai 1549. Il y est mentionné :

1° La moitié du chastel et maison fort dud. Chaseul, basse court foussés, jardins et pourpris dudit chastel, ainsi qu'il se comporte pour la moitié avec damoiselle Esmée Rolin, dame de l'autre moitié, le tout estant en haulte, moyenne et basse justice. Item la seigneurie de la Colonge des Dois, Savilly, la Grange Plantonge, Bouin [2], Cormorin, Croix Morin (V. plus loin), Moron, Vernoy [3], Spoy, Patigny [4], Molenay [5], Lavault [6], Benoiste, Perrecy, Verne [7], Broye [8]; la tour et fief de la Roche aux Bazots, autrement dit la tour de Gormandoux, qui fut à fié à messire Girard de Borbon; Rosières.

2° Terres et logis de Gilbert du Rousset, Pierre de la Boutière, la fille de Girard de Parecy, Huguenin de Lagoutte, Girard de Chamilly, le fié des hoirs de feu Hugues de Loges [9] Sr de la Boullaye, etc.....

3° Item est chargée ladite seigneurie, sur la portion dudit Claude Rolin du douaire de la demoiselle de Colombier sa mère, et lequel

1. V. pièce justif. V.

2. Savilly, commune de la Grande-Verrière ; la Collonge et Boin, communes de Laizy.

3. Le Vernoy, commune d'Étang.

4. Uspoil, commune de la Comelle, et Patigny, commune de Saint-Didier-sur-Arroux.

5. Molnay, commune de Saint-Léger-sous-Beuvray.

6. Lavaux, commune de Saint-Léger-sous-Beuvray.

7. Les Vernes, commune de Saint-Léger-sous-Beuvray.

8. Broye, canton de Mesvres. Les autres localités n'ont pu être identifiées.

9. Ce fief n'est autre que la Roche aux Bazots, citée plus haut.

dénombrement ledit Rolin baille sous protestation que si aucune chose étoit omise de l'augmenter, attendu qu'il n'y a qu'environ deux ans qu'il est jouissant de la moitié de la seigneurie et aussi si trop y avoit de l'oter ayant en ce que dessus suivi le dénombrement que par cy devant en a esté baillé par devant le bailly d'Ostun par feu noble homme Jehan Charvot, comme mari de ladite demoiselle de Colombier, mère et bailliste dudit Rolin. [1]

Outre une pension de 12 ll, que Claude Rolin devait à sa mère, il lui fallut servir aux héritiers de Jean Charvot, suivant le dénombrement, « plus de vi xx x ll de rente. »

De son côté, *Antoine d'Orges* fournit, le 14 novembre 1549, le dénombrement de sa partie. Il y énumère le Crot Morin [2], en double, le Vernoy et Spoy, situés en la terre de Glenne et le fief de Patigny, possédé par Jean de Mary. Il y déclare porter en arrière-fief du roi la seigneurie de Laizy jointe à celle de Chaseu, ajoutant que ces terres sont mainmortables. [3]

Au cours des années qui suivent, quelques documents, peu importants par eux-mêmes, attestent cependant la survivance des seigneurs de Chaseu. C'est ainsi qu'il existe aux archives de Saône-et-Loire un petit registre in-12, daté de 1552, formant manuel des redevances de Chaseu pour Claude Rolin, tant en rentes, cens, corvées gélines, qu'en autres droits.

Un cahier du 9 août 1557 relate une procédure suivie par Jean Bourgeois, et concernant une maintenue en possession d'un quartier de pré et terre appelé Champdremot, contre Esmée Rolin, dame de Chaseu, ayant les droits acquis de Gilbert de la Velle. [4]

En l'année 1559, noble Antoine d'Orges, écuyer, et Esmée Rolin, sa femme, déposent, aux fins de ratification, entre les mains de Perrenot Visanne, greffier de

1. Archives de la Côte-d'Or, B, 10629 et 10630.
2. La Croix Morin, commune de Saint-Prix, par Saint-Léger-sous-Beuvray.
3. Arch. de la Côte-d'Or, Peincedé, t. XIX, p. 286.
4. Archives de Saône-et-Loire. Dossier de Chaseu.

Chaseu, le contrat d'acquêt d'un quartier de pré sur Claude Forrelot et sa femme. [1]

Enfin, un procès-verbal du jeudi 12 janvier 1581, nous apprend que les jours de justice de Chaseu, Brion, Laizy, Monceau et la Chassaigne, pour noble Antoine d'Orges, se tenaient à Laizy, devant la maison de Mre Guillaume Saclier. Le juge ordinaire, Me Esme Deperrecy, était notaire et praticien à Autun. [2]

Quant à Claude Rolin, le second seigneur de Chaseu, nous savons seulement qu'il était mort avant 1582, laissant son héritage à sa *sœur Louise*, femme de *Hugues de Rabutin*.

Ce dernier était lui-même décédé à cette époque, et la moitié de Chaseu appartenait, en 1583, à son fils Antoine. Il existe, en effet, au nom *d'Antoine de Rabutin*, Sr de Chaseu, quelques pièces de procédure pour les années 1582 et 1584, citant Me Joseph du Mex comme son procureur d'office. L'une d'elles mérite une mention spéciale, en raison des circonstances qui la motivèrent.

On sait avec quelle épouvante les habitants des campagnes voyaient arriver dans leurs villages les hordes de soldats et de partisans qui sillonnaient alors la France. Huguenots ou catholiques, amis ou ennemis, il fallait les héberger et les nourrir, trop heureux lorsqu'ils ne pillaient pas les maisons de leurs hôtes avant de les quitter.

En 1583, une horde de gendarmes menaçant d'envahir Laizy, Antoine de Rabutin s'interposa et parvint à les détourner, sans doute en appointant, car il se fit, dans la suite, indemniser au moyen d'un impôt sur les habitants de Laizy. Voici la substance du procès-verbal suivi des taxes d'impositions qui donneront un aperçu de l'importance des localités avoisinantes :

Impot sur les habitants et perrochiens de Laizy pour le paiement de trente trois escus tiers qui font cent francs ausquels lesdits

1. Archives de Saône-et-Loire. Dossier de Chaseu.
2. Idem.

perrochiens se sont volontairement offert et accordé des mains de Mre Joseph du Mex, procureur spécial, en vertu d'un acte du 9 décembre 1582 et du 20 fevrier 1583, dont trente escus à noble Anthoine de Rabutin, escuyer, Sr de Chaseul, et le surplus aux serviteurs dudit sieur, en récompense des peynes et travaulx employés respectivement au soulagement desdits perrochiens pour divertir les compaignies de gendarmes qui se sont présentés à loger sur lesdits perrochiens, selon quils lont confessé au susdit procureur spécial de ladite déclaration. Outtre ladite somme pour les frais nécessaires au département desdits trente trois escus tiers, sçavoir trente solz pour la desposition des personnes cy-après nommées, etc....., clercs, etc....., le tout revenant à 102 francs 15 solz.

Suivent tous les noms des paroissiens imposés. Les moins fortunés donnent quelques deniers seulement; la plupart payent de 3 à 20 sols.

Quelques-uns seulement dépassent ce chiffre.

Chaseul : 20 imposés, parmi lesquels : Claude Ballard, **4 francs**; Jacques Lamalle, 50 sols; Jehan Simon, 50 sols.

Chaselle[1] : 16 imposés.

Boutedey[2] : 11 imposés.

Chassaignes[3] : 6 imposés.

Colemetes[4] : 8 imposés.

Vernes[5] : 3 imposés.

La Planche[6] : 4 imposés, parmi lesquels : Jean de la Planche, 1 escu.

Champlong[7] : 4 imposés, parmi lesquels : Jehan, fils de fut Jehan de Champlong, 50 sols.

Le Champt : 4 imposés.

La Colonge[8] : 9 imposés.

Le Boy[9] : 12 imposés, parmi lesquels : Pierre Buchillon, **50 sols.**

1. La Chasée, commune d'Étang.
2. Commune de Laizy.
3. La Chassagne, commune d'Étang.
4. Crometey, commune de Laizy.
5. Les Vernes, commune de Saint-Léger-sous-Beuvray.
6. La Plante, commune de Laizy.
7. Non identifiée.
8. Collonge, commune de Laizy.
9. Boin ou Bouhin, commune de Laizy.

Le Monceau[1] : 4 imposés.

Cernoix[2] : 4 imposés, parmi lesquels : Mre Humbert Boillot, 3 fr. 15 sols.

Laizy : 2 imposés.

La Rochette[3] : 3 imposés, parmi lesquels : Claude de Champlong, clerc, 52 sols.

La Mortié[4] : 3 imposés, parmi lesquels : Claude Dechare, 1 escu 2 sols.

Maisuères[5] : 10 imposés, parmi lesquels : Lazare de Maizueres.

La Chassaigne[6] : 6 imposés.

Tandis qu'Antoine de Rabutin détenait à lui seul la moitié de Chaseu, l'autre moitié, tout d'abord indivise entre les six enfants d'Antoine d'Orges et d'Esmée Rolin, se concentrait bientôt, par suite d'acquisitions successives, entre les mains de l'une des filles, *Claudine d'Orges*, veuve de Thibaut de Livron, Sr de la Troche. Voici, d'après Peincedé[7], tome XI, p. 397, l'analyse de la reprise de fief qu'elle fit, le 7 mai 1585, avec sa fille, Renée de Livron :

Reprise de fief du 7 mai 1585 de portions de la seigneurie de Chaseul par dame Claudine Dorge, relicte de feu messire Thibaut de Livron, chevalier, Sr dudit lieu de Livron et de Troches, et dlle Renée de Livron, femme de noble Odinot de Montmoyen, écuyer, Sr de Chissey, comme ayant acquis lesdites dame et demoiselle lesdites portions par acte du 5 avril 1585, reçu de Perrecy, notaire à Autun, de noble Sr Guy de Civry, Sr de Villargois, tant en son nom que de dlle Françoise Dorge sa femme, et de Claude de Brechard, Sr de Thury, et Elisabeth Dorge sa femme, lesdites portions à eux échues tant à cause de feue dlle Esmée Rolin, mère de leursdites femmes, que de feu noble Jean Dorge, leur frere, Sr dudit Chaseul. Comme aussi à cause de feue dlle Charlotte Dorge aussi leur sœur, femme de noble Olivier de Boussicault, et encore à cause de noble Antoine Dorge, leur père, Sr de Villeberny, lesdits droits et portions

1. Autrefois le Montceau, dans la par. de Laizy.
2. Cernat, commune de Laizy.
3. La Rochette, commune de Laizy.
4. Commune de Laizy.
5. La Maizière, commune de Laizy.
6. La Chassagne, commune de Laizy.
7. Arch. de la Côte-d'Or.

indivis avec ladite dame de Troches. Et Esmée Dorge, fille de feu noble Denis Dorge Sr de Champeau, du corps de dame Chrestienne de Montmoyen, à présent femme de Messire Jean d'Esguilly, chevalier Sr dudit lieu, le tout narré comme ci dessus en la procuration y jointe passée au chatel de Chissey par devant Jean Clerc, notaire à Lucenay-l'Évêque.

Claudine d'Orges était morte en 1598, car un acte de vente du 28 septembre 1598, concernant le moulin de Monceau, est fait au seul nom du *sire de Montmoyen*, Sr de Chissey [1]. Voici la substance de cet acte :

En la maison de Me Nicolas Ladone, avocat à Autun « sise à la Grand Barre, près ledit Autun » est présent Philibert de Champlong, laboureur du village de Montceaul, paroisse de Laizy, qui vend à Edme de Montmoyen, écuyer, Sr de Chissey et Chaseul en partie « les molin, maisons, granges, li terres et aultres aisances quil avoit entrayés de feu damoiselle Claudine Dorges, dame de Troches en Savoye et dudict Chaseul en partie, pardevant Carrin, notaire royal, le 14 juin 1587. Assavoir ledit molin de Montceaul ainsy qu'il s'extend et comporte, aisances et appertenances, situé au pied de la chaussée de l'estang dudit Montceaul. » Avec quelques prés et terres, le tout pour 64 écus 12 sous et un règlement des comptes antérieurs. [2]

Six ans plus tard, *Renée de Livron* étant morte, le sire de Montmoyen demeura l'administrateur légal des biens de ses enfants, *Antoine et Marie-Régine de Montmoyen*, tous deux seigneur et dame de Chaseu en partie. C'est à ce titre qu'un arrêt fut rendu en sa faveur le 8 février 1604, contre Mre Léonard Gros, prêtre, curé d'Étang, qui percevait, paraît-il, aux dépens des seigneurs de Chaseu, la dîme de Vaux en la paroisse d'Étang. [3]

Peu après, Marie de Montmoyen, ayant épousé *Léonard*

1. L'acte donne le prénom Edme au sire de Montmoyen. Il y a certainement confusion, car un procès-verbal de Chevauchée sur la chatellenie de Glenne, rédigé au commencement du dix-septième siècle, cite bien Odinet de Montmoyen comme seigneur de Chissey et de Chaseul, tandis que Edme de Montmoyen est uniquement Sr du Jeu.

2. Arch. de Saône-et-Loire. Dossier de Chaseu.

3. Idem.

de Chissey, devint seule propriétaire de la moitié de Chaseu, sans doute par suite de la mort de son frère Antoine.

Léonard de Chissey et sa femme constituèrent en dot, par contrat de mariage du 8 novembre 1636, leur moitié de Chaseu à *Chrétienne de Chissey*, leur fille, qui épousa *Jean de Senailly Damas*, Sr de Villiers. Reprise en fut faite par ce dernier, le 5 décembre 1637, et le dénombrement suivit, le 12 janvier 1638.[1]

Quant à l'autre moitié de la seigneurie, elle appartenait encore à Antoine de Rabutin, le 18 novembre 1608. Il fait, à cette date, un échange avec Noelle Beuchillon. Celle-ci donne au Sr de Chaseu le domaine de Boutedey contre celui des Bornes.

Antoine de Rabutin mourut sans postérité[2] et légua sa part de Chaseu à son cousin *Léonor de Rabutin*, comte de Bussy-le-Grand, lieutenant général pour le roi au pays de Nivernais, Sr de Forléans. Léonor de Rabutin, qui avait épousé Diane de Cugnac, lui avait fait donation de la seigneurie, par acte du 8 novembre 1644, reçu Philibert Goyot, notaire à Bussy-le-Grand, de telle sorte que *Diane de Cugnac*, après la mort de son mari, reprit de fief de Chaseu, en partie, le 29 mars 1647.[3]

IV

ROGER DE BUSSY-RABUTIN[4] ET SES DESCENDANTS

En dépit de cette reprise de fief, *Roger de Bussy-Rabutin* fut bientôt investi de Chaseu comme héritier de Léonor de Rabutin, son père. Diane de Cugnac fit sans

1. Arch. de la Côte-d'Or, B, 10735.
2. Bussy, dans sa généalogie, ne dit rien de cette branche qu'il considère, sans doute, comme issue d'une mésalliance. A peine mentionne-t-il Hugues de Rabutin, le père d'Antoine, mais ne parle pas de Louise Rolin, sa femme.
3. Arch. de la Côte-d'Or, B, 10760.
4. Les Rabutin portèrent : « Cinq points d'or équipollés à quatre de gueules. »

doute, par suite d'un arrangement, abandon de ses droits à son fils.

C'est alors que Roger de Bussy conçut le projet de réunir en une seule seigneurie les deux parties de Chaseu, disjointes depuis un siècle et demi.

Chrétienne de Missey, femme de Jean de Senailly, consentit à vendre sa part, et le marché fut passé le 7 septembre 1651. Voici l'analyse de cet acte important :

« A 3 heures après midi, par devant André Guyot, notaire tabellion royal et garde-nottes héréditaire à Autun, a comparu dame Chrétienne de Missey, femme de Mre Jean de Senailly Damas, Sr et baron de Villière, Aty, Saviange, laquelle, autorisée par son mari, a vendu à Mre Roger de Rabutin, chevalier, comte de Bussy, Forléans, et conseiller du roi en ses conseils, lieutenant pour Sa Majesté en pays de Nivernois et d'Onziois, la terre et seigneurie de Chaseu à la part de Laizy, tant en chateau, bastiments, rentes, censes, corvées, mainmorte, dîmes, poules, prés, terres, bois, etangs, rivieres, fief, justice..... suivant que ladite terre appartient à ladite dame, qu'elle en a joui tant par elle que par les fermiers, jusqu'à présent, avec le bestial estant aux domaines en valeur de 1,100ll environ, suivant amodiation faite à hon. Yves Saclier. Ladite vente est faite moyennant le prix de 34,000 livres tournois, dont a été payée comptant par ledit acquéreur celle de 17,000ll en testons quart d'écus et autre monnoye ayant cours. Les 17,000ll restant devant être payées à Noël suivant aux vendeurs, en la ville de Semur, maison du sieur avocat Brelinguet, à peine d'intérêt, à raison du denier 16 le terme expiré, non compris le prix de l'amodiation de l'année courante échue à la Toussaint. »

L'acquéreur s'engage en outre à affranchir les domaines et héritages possédés par les veuve et héritiers d'honorable Claude Saclier dans ladite justice de Chaseu, conformément à la promesse faite par dame Marie de Montmoyen et dame de Varange, mère de ladite dame de Villière, moyennant 4,000ll qu'elle a reçues.

Conséquemment, tout procès demeure assoupi entre les parties, y compris ceux entre feu M. le comte de Bussy, père dudit acquéreur et ladite dame de Villière ou ses auteurs, moyennant certains dédommagements imposés à l'acquéreur.

.....« Et passant le présent contrat, a été payée à ladite dame venderesse, pour sa belle-main, outre les 17,000ll, la somme de

400^{ll}, déclarant, ledit comte de Bussy que la somme de 17,000^{ll} provient du mariage de dame Louise de Rouville, sa femme, laquelle somme il a assignée spécialement sur la terre de Chaseu à la part de Laizy, pour lui tenir lieu de propre. Les 17,000 autres auront la même provenance et la même hypothèque..... »

.....Fait, lu et passé au château d'Autun, maison où réside Me Jacques Chifflot, chanoine de l'église cathédrale ; présents : Me Simon Lallemant, André Jean Chifflot et Claude Tiroux, avocat à la Cour, demeurant en cette ville, témoins requis.

(*Signatures.*)

Suit une quittance datée de Semur en Auxois, du 20 octobre 1653, pour les 17,000^{ll} restant dues, plus 2,125^{ll} pour 2 années d'arrérages échues le 7 septembre.

Reprise de fief fut faite de la partie acquise, le 8 janvier 1653[1]. Enfin, le dénombrement en fut donné, le 4 août 1664, par Louise de Rouville, au nom et comme fondée de procuration de son mari.[2]

Ce n'est point ici le lieu de faire une biographie de Roger de Bussy-Rabutin. Les grands traits de sa vie appartiennent à l'histoire, et c'est le seigneur de Chaseu seulement que nous verrons en lui.

Roger de Bussy avait, on le sait, épousé en 1643 sa cousine Gabrielle de Toulongeon, dont la famille habitait en Bourgogne. La jeune femme mourut prématurément en laissant à son mari trois filles. Bussy se remaria bientôt, en 1650, avec Louise de Rouville, et c'est alors qu'il devint possesseur de toute la seigneurie de Chaseu.

Sans doute aurait-il, selon l'usage de l'époque, vécu toute sa vie loin de ses terres, si les circonstances n'en eussent fait, bien malgré lui, un gentilhomme campagnard.

On sait comment Bussy encourut sa disgrâce. Il incarnait en lui les qualités, les charmes et aussi les défauts et l'orgueil des seigneurs de la cour. Hardi, de belle prestance;

1. Archives de la Côte-d'Or, B, 10772.
2. Id., B, 10796.

spirituel, versé dans les belles-lettres, mais aussi vaniteux, sarcastique et parfois cruel, Bussy, non content de vilipender, dans son « Histoire amoureuse des Gaules », la plupart des dames de la cour, avait eu la maladresse de s'attaquer à la Majesté royale. Une captivité de treize mois à la Bastille fut la sanction immédiate de sa faute. Et quand, à force de sollicitations et de flatteries, il obtint son élargissement, ce fut pour partir en exil dans ses terres de Bourgogne.

D'ailleurs, il y possédait deux domaines qui rivalisaient de beauté, la seigneurie de Bussy-le-Grand et celle de Chaseu. Il partagea son temps entre les deux, non sans regretter la Cour et Paris.

Sa vie provinciale, si différente de l'existence parisienne et de l'activité des camps, nous serait inconnue sans la volumineuse correspondance à l'aide de laquelle il trompait l'ennui de son exil.

A peine sorti de la Bastille, Bussy-Rabutin commença de séjourner en Bourgogne en habitant son château de Bussy-le-Grand. Il en date sa première lettre d'exilé du 11 octobre 1666. Puis, comme il éprouvait un besoin d'activité et de changement, il en partit au mois de juin 1667 pour se rendre à Chaseu. C'est de là qu'il écrivait, le 25 juin, à Mme de Fiesque :

> Je passe ma vie assez agréablement pour la passer en province; et si je suis pour le moins aussi délicat que j'ai jamais été, je me fais des plaisirs de tout..... J'ai deux agréables maisons dont il y en a une fort belle; j'y demeure autant qu'elles me divertissent; j'y fais mes affaires en me jouant. Je ne suis pas plus délicat sur la bonne chère qu'autrefois; vous connaissez là-dessus mon indifférence. Je reçois trois fois la semaine des lettres de beaucoup de gens auxquels je fais exactement réponse. Je fais des mémoires qu'on lira peut-être un jour avec plaisir.

Cette lettre résume, en somme, les occupations de Bussy en province, changeant de région chaque fois qu'il en éprouve le désir, occupé de sa correspondance, travaillant à ses mémoires, et réglant, entre-temps, ses affaires. Au reste, comme il avoue n'avoir qu'une de ses deux résidences digne de lui, il s'emploiera avec succès à mettre Chaseu à la hauteur de Bussy-le-Grand. Enfin, ce que la lettre à Mme de Fiesque ne pouvait encore dire, puisque Bussy arrivait à peine, c'est qu'il s'efforça, dès lors, de se créer aux environs des relations agréables. Il y parvint sans peine, avec sa réputation d'esprit et de munificence.

Ces distractions ne l'empêchaient point d'éprouver, à de certains moments, la nostalgie de Paris. Aussi, lorsque la chute des feuilles vint apporter sa mélancolie sur la campagne, Bussy, hanté par les souvenirs de Paris, écrivit, le 18 novembre 1667, à Le Tellier, en le priant de le rappeler pour certains arrangements d'affaires. Il obtint, paraît-il, une licence, mais de courte durée ; car, après avoir écrit de Paris au Père Côme, le 25 décembre, Bussy était de retour à Chaseu quelques jours après.

Il lui fallait donc se résigner, en prendre son parti. Paris lui fermerait longtemps encore ses portes.

Le 18 janvier, il s'installe de nouveau à Bussy-le-Grand, et adoptera, jusqu'à la fin de son exil, ce système d'hivernage à Bussy, tandis qu'il passera la bonne saison à Chaseu.

Bientôt, ses occupations littéraires ne lui suffisent plus; il soupire en songeant à ses conquêtes passées et rêve à de nouvelles intrigues. La chose ne paraissait point aisée en province, et cependant Bussy parvint à se créer, en ce genre, quelques distractions.

S'il faut en croire ses lettres, la comtesse de la Roche, qui habitait Autun, n'était pas insensible à ses avances. Il l'avait rencontrée chez M. de Roquette, évêque d'Autun, et entretint d'abord avec elle des relations surtout épistolaires, mais, en tout cas, fort platoniques. Il lui écrit, le 28 septembre 1668 :

Si Madame de Bussy n'étoit pas malade, je vous ménerois toute ma famille, Madame, passer ces deux jours maigres avec vous, accompagné d'un saumon que nous prîmes hier et qui, pour être mort, ne seroit pas le moins divertissant de la troupe.

Il lui adresse, le 1er janvier suivant, une pièce de vers avec des madrigaux de toute la famille.

En tout cela, il n'y a rien que de fort honnête, du moins en apparence. Je dis en apparence, car on peut soupçonner Bussy de ne point tout dire. Mme de la Roche, en effet, se pique au jeu ; sa claustration provinciale ne l'a pas habituée à ces petits jeux de cour. Au surplus, son mari la néglige, et voici la pauvre dame tout affolée qui veut s'enfuir au Canada.

Cela dépassait les bornes pour l'agrément de M. de Bussy. Écoutez sa réponse, elle peint l'homme :

Pour traverser les mers et vous suivre au Levant,
Il faudroit être votre amant
Et je n'ai pas l'honneur de l'être.

« Levant » n'indique pas chez Bussy une forte dose d'érudition géographique ; mais ce qu'il importe surtout d'observer, c'est le cynisme avec lequel le seigneur de Chaseu brisait les jouets qui n'avaient plus le bonheur de lui plaire. En la circonstance, sa réponse versifiée fut une rupture, car, désormais, le nom de Mme de la Roche ne se retrouve plus sous sa plume.

Tout cela ne l'empêchait pas de gérer pour le mieux ses affaires et d'exécuter à Chaseu d'importantes transformations. Il en entretient Corbinelli et lui écrit de Chaseu, au mois de juillet 1669, qu'il a payé 100,000 écus de dettes et qu'il a fait de Bussy et de Chaseu « deux aussi agréables maisons qu'il y en ait en France. »

Le plus grand désir de Bussy-Rabutin était de recevoir à Chaseu Mme de Sévigné, « sa belle cousine », ainsi qu'il se plaisait à l'appeler. Il s'était réconcilié avec elle, après l'avoir cruellement blessée, et rêvait à cimenter la paix en lui offrant l'hospitalité de Chaseu.

Au reste, ce désir s'expliquait. Mme de Sévigné fréquentait Vichy pour sa santé; elle se laissait même entraîner aux eaux de Bourbon-Lancy, quitte à y boire en bouteilles, disait-elle naïvement, les eaux de Vichy dont elle ne se pouvait passer. Elle se trouvait d'ailleurs à merveille de ce mélange.

Presque chaque année la ramenait donc aux confins de la Bourgogne, et Bussy ne manquait pas de la presser chaque fois de ne point l'oublier. Mais, soit par la faute des circonstances, soit par malice quelque peu rancunière de « la jolie cousine », Mme de Sévigné ne put, durant de longues années, joindre son cousin.

Et voyez comme la mauvaise fortune s'attachait à Bussy! En l'année 1672, c'est justement en son absence de Chaseu, que Mme de Sévigné traverse la Bourgogne. Elle lui écrit de Montjeu, le 22 juillet, qu'elle a passé chez son cousin de Toulongeon.

Il est vrai que Bussy ne songeait alors qu'à une nouvelle intrigue, et qu'il faisait un séjour à Dijon pour rompre la monotonie de son existence campagnarde. Il y était tout occupé de la belle Madame Bossuet, femme d'Antonin Bossuet, frère de l'évêque de Meaux. Elle possédait à fond l'art de la coquetterie et ne se faisait pas faute de lacérer son contrat de mariage quand l'occasion s'en présentait. Bussy trouvait en elle trop de ressemblance avec les grandes coquettes de la cour, pour ne pas la traiter avec une semblable désinvolture. Aussi ne la ménage-t-il point dans ses lettres et se plaint-il fréquemment de son méchant caractère.

Au surplus, ce caprice n'eut pas de durée. Les travaux de Chaseu rappelaient Bussy dans l'Autunois et il se complut bientôt à y recevoir ses voisins de campagne.

Il avait une prédilection marquée pour sa fille Louise,

issue de son premier lit. Elle était recherchée par Gilbert Allire de Langheac, comte de Dalet, marquis de Coligny [1]. Le mariage, décidé au cours de l'année 1675, fut célébré à Chaseu le 5 novembre suivant.

A cette occasion, Bussy qui avait eu l'attention de demander à Mme de Sévigné une procuration pour sa nièce, racontait ainsi la cérémonie à sa cousine dans une lettre du 26 décembre 1675.

Ce fut à Chaseu, le 5 novembre dernier, où j'ai un des plus beaux salons de France. L'assemblée n'étoit pas grande. Avec les Toulongeon, mes filles de Saint Julien et de Chaseu, il n'y avoit d'extraordinaire que mes amis Jeannin et Epinac. Je leur fis trois jours durant bonne chère.

Bussy n'eut pas à quitter sa fille. La guerre réclamait Langheac, et le nouveau marié dut s'arracher des bras de sa jeune femme pour courir à l'armée du nord. Le roi venait d'entreprendre, avec Vauban et 50,000 hommes, le siège de Condé. Langheac courut y chercher sa part de gloire et n'y trouva que la mort. Ainsi Louise de Bussy-Rabutin devint veuve après quelques mois de mariage. Elle mit au monde un fils, Marie-Roger, auquel revint le titre de comte de Langheac.

A la fin d'août de l'année suivante, 1677, Bussy reçut enfin la nouvelle qui comblait ses vœux. Mme de Sévigné lui annonçait sa visite.

Dans son impatience de la voir, le seigneur de Chaseu partit au devant d'elle, le matin du 30 août, en compagnie de sa fille et de Toulongeon. Son carrosse les mena jusqu'à Lucenay où se fit la rencontre. On y dîna tant bien que mal, puis on se mit en route pour aller coucher à Chaseu. Ici, je cède la plume à Bussy qui se charge de conter lui-même avec humour la visite de « sa belle cousine. » La

1. Issu d'une famille originaire du Gévaudan, fils de Gilbert Allire de Langheac, 6e du nom, et de Barbe de Coligny de Cressia.

lettre, datée du 1er septembre, est adressée à Corbinelli; elle fait suite à quelques mots écrits par Mme de Sévigné dans les circonstances que nous verrons plus loin.

A Chaseu, 1er septembre 1677.

Il n'y a pas longtemps que je fis réponse à deux moitiés de lettres que vous m'écrivîtes dans celle de notre marquise, et me revoici avec elle dans une feuille de papier, vous écrivant de ce chateau où nous avons passé si doucement un an ensemble.[1]

Il n'étoit pas laid alors; aujourd'hui il est fort beau et notre amie en est contente. Nous l'aurions été davantage si vous eussiez été de la partie, et Lucien que nous avons lu nous auroit paru encore plus divertissant. La veuve qui vous plait tant[2] m'a aidé à faire l'honneur de ma maison. J'oubliois de vous dire que nous allâmes cinq lieues au devant de la marquise. Elle nous fit mettre dans son carrosse, ne voulant fier sa conduite qu'à un cocher célèbre qu'elle a depuis peu. A la vérité, à un quart de lieue de la dinée, il nous versa dans le plus beau chemin du monde. Le bon abbé de Coulange étant tombé sur sa nièce et Toulongeon sur la sienne, cela nous donna un peu de relâche. Mais, admirez la fermeté de notre amie et son bon naturel. Dans le moment que nous versâmes, elle parloit de l'histoire de Don Quichotte. Sa chutte ne l'étourdit point, et pour nous montrer qu'elle n'avoit pas la tête cassée, elle dit qu'il falloit remettre le chapitre de Don Quichotte à une autre fois, et demanda comment se portoit l'abbé. Il n'eut non plus de mal que les autres. On nous releva et ma cousine fut trop heureuse de se remettre à la conduite du cocher de ma fille qu'elle avoit tant méprisé. Vous croyez bien que notre aventure ne tomba pas à terre comme nous avions fait. Nous badinâmes quelque temps sur ce chapitre, et ce fut là où nous commençâmes à vous trouver à redire.

Mme de Sévigné ne demeura pas longtemps à Chaseu. Elle y séjourna le 31 août et repartit le 1er septembre. Bussy l'accompagna jusqu'à Autun et s'en fut dîner avec elle chez l'évêque, M. de Roquette. Avant de se séparer, cousin et cousine convinrent d'écrire ensemble à Corbinelli. Mme de Sévigné commença la lettre, et Bussy la compléta

1. C'est la seule allusion à un séjour de Corbinelli à Chaseu.
2. Mme de Coligny.

lorsqu'il fut rentré à Chaseu. C'est cette seconde partie, la seule qui nous soit connue, que j'ai citée plus haut. Quand à Mme de Sévigné, elle écrit à sa fille, le 3 septembre :

J'ai été chez Bussy, dans un château qui n'est point Bussy, qui a le meilleur air du monde et dont la situation est admirable. La Coligny y étoit : vous savez qu'elle est aimable; il y auroit beaucoup à parler. Mais je réserve ces bagatelles pour une autre fois.

Elle paraît, d'ailleurs, avoir gardé de Chaseu, de ses prairies et de ses moutons un charmant souvenir. A maintes reprises elle en parle dans ses lettres. Le 14 juin 1678, elle écrit à Bussy :

Etes-vous à Chaseu, mon cher cousin, dans cet aimable lieu? J'en ai le paysage dans la tête et je l'y conserverai soigneusement, mais encore plus l'aimable père et l'aimable fille qui ont leur place dans mon cœur. Voila bien des aimables, mais ce sont des négligences dont je ne puis me coriger.

J'ai dit que Bussy s'était créé des amitiés solides et d'agréables relations aux environs d'Autun. Ses parents de Toulongeon, M. d'Épinac, M. de Roquette, René Bonneau, abbé de Saint-Martin d'Autun, et bien d'autres[1] échangeaient avec lui visites et parties de campagne où l'on ne se faisait pas faute de jouer et de faire bonne chère.

Mais c'était à Montjeu surtout que Bussy aimait à se rendre. Il y trouvait chaque fois de gais convives et d'intrépides chasseurs qu'il laissait généralement courre le cerf pour tenir compagnie aux dames. Il raconte une de ces parties dans une lettre datée du 5 novembre 1679, au marquis de Trichateau. [2]

Chaseu le 5 novembre 1679.

Je reçus votre lettre du 2 de ce mois à Montjeu, Monsieur, si tard que je n'y pus faire réponse; je n'en revins encore qu'hier. Nous y avons fait une St Hubert agréable et je vous y souhaitai fort. Voici

1. V. le *Château de Bussy-Rabutin*, par Ch. Boëll, Mém. de la Soc. Éd., t. XXXIV, p. 332.
2. A Semur-en-Auxois.

ce qu'il y avoit de gens : Mesdames de Marcilly, de Toulongeon, de Montjeu et de Coligny, Mlle de Marcilly, M. des Marets, d'Épinac, de Toulongeon, de Roussillon, de Menecœur, de Choiseul, de la Rivière, le chevalier Bretagne, M. Jeannin, son fils et moi. Tous ces Messieurs prirent un vieux cerf en quatre heures; il tua, étant aux abois, un chien et en blessa fort un autre et l'on ne l'osoit approcher, tout rendu qu'il étoit; il fallut que le veneur de M. Jeannin le tuât d'un coup de pistolet. M. de la Rivière se signala par sa vigueur, car il fit comme les autres et il n'eut point de cheval à relayer comme eux. Pour moi, je fus en carrosse avec les dames où nous ne vîmes rien.....

Gaspard, fils de Nicolas Jeannin, auquel Bussy fait allusion dans cette lettre, avait épousé, le 18 juillet 1678, Louise Dauvet, fille de Nicolas Dauvet, comte des Marets. Et comme la jeune femme était en état de grossesse, Bussy trouve là matière à exercer sa verve gauloise, félicitant Mme de Montjeu des ardeurs de son mari et ajoutant que la Dauphine voudrait bien qu'il en fût de même à son égard.

Puis, voyez la chute de l'aventure : « Je ne sais, écrit-il négligemment à Trichateau, le 3 décembre 1680, si vous savez que Mme de Montjeu n'a fait qu'une fille. » Piètre résultat, en vérité, après les louanges prématurées du sire de Chaseu !

Un autre personnage rencontré dans cette partie de Montjeu, M. de la Rivière, était destiné à troubler la vie de Bussy et celle de sa fille. François de la Rivière était le fils d'un contrôleur de la maison de la reine. S'il n'avait pas de fortune, il était galant cavalier, et Bussy lui-même avait rendu justice à sa vigueur et à son adresse. La pauvre Louise de Rabutin, si peu mariée au marquis de Coligny, et bien qu'elle fût à un âge où d'autres femmes abdiquent leur royauté, ne put se soustraire au charme du gentilhomme nivernais. Elle se prit pour lui d'une belle passion que M. de la Rivière partagea sans peine. Une intrigue se noua, au cours de laquelle Mme de Coligny, dans un véritable égarement, remit à son amant cette singulière promesse :

Je, Louise Françoise de Rabutin, promets et jure devant Dieu à Henri François de la Rivière, de l'épouser quand il lui plaira. En foi de quoi j'ai signé ceci du plus beau et du plus pur de mon sang.

Fait ce 18 octobre 1679. [1]

Mais Louise de Rabutin connaissait l'orgueil de son père. Elle savait qu'elle ne pouvait attendre de lui aucune condescendance à sa faiblesse et qu'il ne consentirait jamais à une mésalliance. Aussi se résolut-elle à tout lui cacher.

Elle avait acquis, depuis quelque temps, du marquis de Rongère le château de Lanty, à dix lieues de Bussy, entre Châtillon-sur-Seine et Chaumont. C'est dans la chapelle de ce château qu'elle épousa secrètement, le 19 juin 1681, à l'âge de trente-huit ans, M. de la Rivière.

Alors commença, pour Louise, une existence en partie double. Tant qu'elle put cacher à son père sa situation nouvelle, elle conjura l'orage, mais bientôt une grossesse la força d'avouer. La fureur de Bussy fut extrême. Au dépit d'avoir été trompé s'ajoutait ce qu'il considérait comme une humiliation suprême, l'alliance d'un gentillâtre. Il poussa la colère jusqu'à la cruauté; alla jusqu'à chansonner sa fille, lui interdit de voir son mari et même de porter son nom, en dépit d'un arrêt du Parlement de Paris, du 3 juin 1684. Quant à l'enfant de ce triste mariage, on n'en voulut jamais parler.

Dès lors, Mme de Coligny, blessée dans toutes ses affections, mena près de son père une vie sans joie. Quelque temps elle entretint avec son mari une correspondance secrète que la Rivière se décida lui-même à brûler. Plusieurs lettres, échappées à la destruction, dénotent chez Mme de Coligny un talent d'écrivain remarquable. Mais peut-on la louer d'avoir enfreint ses devoirs d'épouse pour obéir au terrible Bussy? Du moins mérita-t-elle, par sa

1. *Cf. Hist. généalogique de la maison de Rabutin*, publiée par H. Beaune, p. 31-33.

soumission, cette appréciation louangeuse dans l'histoire généalogique des Rabutin, dressée par son père : « Ce fut une femme d'un mérite extraordinaire, mais que la fortune persécuta et rendit illustre. »

Ces événements intéressaient de trop près l'existence du châtelain de Chaseu pour n'en point parler; revenons maintenant aux menus faits de sa vie.

A mesure que le temps passait sur son exil, Roger de Bussy obtenait de plus fréquentes licences pour faire à Paris quelques apparitions qui se prolongèrent à différentes reprises. C'est ainsi qu'il écrit de Paris, le 15 décembre 1679 : « Je n'ai encore vu personne. Il n'y a que le roi, M. de Louvois et moi qui sachions que je suis ici. » Mais, de fait, il y demeura jusqu'au mois de juillet et s'arrêta quelque temps à Bussy-le-Grand avant de revenir à Chaseu. L'année suivante, même, le roi parut disposé à se relâcher quelque peu de ses rigueurs envers Bussy, mais celui-ci étant tombé malade à Paris, se hâta de rentrer à Chaseu où il recouvra la santé.

Je n'ai point parlé jusqu'alors de la chapelle que les seigneurs de Chaseu possédaient dans l'église de Laizy. Elle était dédiée à saint Hubert et l'on se reportera pour le détail aux « Notes sommaires sur l'église de Laizy », par M. Boëll.[1]

J'insisterai seulement sur le tableau qui surmonte l'autel de Saint-Julien dans la même église.

Ce tableau, d'une apparence..... bizarre, pour ne pas dire plus, représente saint Julien avec la palme du martyr, en ajustements de légionnaire, avec la tête à perruque de M. le comte de Bussy.

On a vu, paraît-il, dans cette fantaisie excentrique, la touche de Lebrun. J'ai peine à me figurer une pareille chose, car, en dépit de ses goûts héroïques, Lebrun avait

1. Mém. de la Soc. Éd., t. XXXIV, p. 281.

une pondération, une largeur de composition qui n'existe pas dans le tableau de Laizy. Au reste, j'avoue n'avoir retenu de ce portrait qu'une impression assez vague, l'ayant vu dans le demi-jour et d'un peu loin.

Cette chapelle de Saint-Julien, avec le tableau qui la décore, rappelle évidemment le prieuré de Saint-Julien-sur-Dheune, auquel la famille de Rabutin fournit longtemps des prieures. L'intention devint plus précise encore par la transformation..... risquée du seigneur de Chaseu en saint Julien.

En soi, le fait n'a rien qui puisse nous étonner. De temps en temps, les peintres, les verriers ont cherché, par reconnaissance ou par intérêt, quand ce n'était pas sur commande, à reproduire dans leurs œuvres les traits de généreux clients. Seulement, lorsque les artistes sont habiles, l'allusion est ingénieuse et discrète; ici, c'est le pavé de l'ours, mais il est probable que le noble seigneur s'en accommoda fort bien. Ne lui fallait-il point, auprès de ses vassaux, quelques dédommagements aux déboires que lui faisait éprouver Paris?

C'est que, bien qu'on en ait dit, Bussy n'était pas encore rentré complètement en grâce en 1686. Il continuait ses allées et venues de Paris à Bussy et de Bussy à Chaseu. Une lettre de lui à Mlle de Scuderi, en date du 9 octobre 1686, prouve même qu'il avait recours aux eaux d'Alise-Sainte-Reine dont la source eut, de tout temps, un certain renom. Il est vrai que Bussy lui donnait des adjuvants énergiques.

> Ma fille de Coligny, écrit-il, a eu une grande fluxion sur la poitrine, dont elle fut en danger. Elle fut saignée cinq fois en huit jours. Elle est bien rétablie. Elle prend des eaux de Sainte Reine dont elle se trouve fort bien.

Et, pour compléter la guérison il emmène Mme de Coligny à Chaseu qui avait jadis contribué à son propre rétablissement. C'est de là qu'il écrit à Mme de Sévigné le 19 décembre suivant :

Le 25 septembre, je m'en revins à Chaseu, de Bussy, avec votre nièce de Coligny. Vous connoissez le mérite de cette situation, Madame; tout ce que je vous dirai, c'est qu'il augmente tous les jours par les propretés dont je l'embellis. Nous avons pris deux saumons que j'ai eu du regret de manger sans vous.

Et plus loin, la lettre se termine par une boutade qui montre sous un jour peu favorable les sentiments que Bussy nourrissait à l'égard de sa seconde femme.

Je ne vous dis pas, ajoute-t-il, que Mme de Bussy est de retour de Paris depuis un mois, car ce divertissement-là n'est pas tout à fait de la force des autres.

A qui les torts en la matière? Tout ce que l'on peut dire c'est que Louise de Rouville ne manquait pas de raisons pour faire grise mine à son mari.

Cependant, le seigneur de Chaseu multipliait ses démarches auprès du roi pour regagner ses faveurs. On lui faisait toujours espérer un changement dans les dispositions de Sa Majesté, mais il lui fallait gagner consciencieusement sa rentrée en grâce. Le 6 juin 1688, il se jette aux pieds du roi sans grand résultat, et retourne à Chaseu. C'est le 24 novembre seulement qu'il annonce au Père Bouhours que le roi lui donne une pension de 2,000ll avec promesse de le placer à la première vacance. Mais Bussy n'était plus jeune, ses habitudes étaient prises et la faveur royale, revenue trop tard, lui fit à peine modifier le temps de ses voyages en Bourgogne.

Un an avant sa mort, il écrit de Chaseu au Père Bouhours :

Chaseu, le 11 mars 1692.

Je sais, mon Révérend Père, que mon second lit met tout en œuvre pour faire préférer ma fille de Rabutin à notre Charlotte pour l'abbaye de Lanchare; cela m'a obligé de prier M. d'Autun qui a été son évêque, de parler de sa vertu et de sa capacité au Révérend Père de la Chaise, pour détruire les méchants offices.

Ainsi, jusqu'au dernier jour persistera son antagonisme avec Louise de Rouville, sa seconde femme. La mort le surprit à Autun, le 9 avril 1693, dans sa soixante-quinzième année.

Roger de Bussy fut enterré à l'église Notre-Dame d'Autun. Sa fille, la marquise de Coligny, lui fit élever un tombeau, « dont la menteuse épitaphe, dit l'auteur du « Voyage pittoresque en Bourgogne », canonisait presque l'un des écrivains les plus licencieux du dix-septième siècle. »

Dans le règlement de la succession paternelle, *Louise de Rabutin, veuve de Gilbert de Langheac*, fit l'acquisition de la seigneurie de Chaseu, le 7 juin 1693. Elle en reprit de fief, le 1er février 1694, et présenta le dénombrement le 23 mars 1702 seulement. [1]

Il est probable que la nouvelle châtelaine continua d'habiter Chaseu où s'était écoulée la plus grande partie de sa vie. Aucun fait saillant ne vint dès lors rompre la monotonie de son existence. Seuls, les malheurs de la France, à la fin du règne de Louis XIV, eurent leur répercussion sur Chaseu comme sur le royaume entier. Outre les perceptions extraordinaires d'impôts, une déclaration royale, du 29 décembre 1708, ordonna la levée par doublement, pendant sept années, au profit de Sa Majesté, de tous les droits de péages, passages, bacs, etc....., établis dans toute la France. Le péage de Chaseu en fut atteint et Louise de Rabutin se vit obligée de communiquer, le 6 juin 1710, un extrait du terrier de Chaseu signé Gautherot et rédigé en 1443 pour Nicolas Rolin. Il y est noté qu'un bœuf paye au péage 1 denier; une vache, 1 denier; un mouton, 1 denier; une brebis, 1 obole; un porc ou une truie chatrée, 1 denier; un bouc ou une chèvre, 1 denier.

Et pour le temps présent, la châtelaine déclare que le péage est amodié verbalement 8ll par année. [2]

1. Arch. de la Côte-d'Or, B, 10891.
2. Arch. de Saône-et-Loire. Dossier de Chaseu.

Louise de Rabutin mourut au château du Petit-Montjeu, près Autun, le 25 février 1726, à l'âge de soixante-quatorze ans. Son fils, *Marie Roger, comte de Langheac* et de Toulongeon, marquis de Roquefeuille, baron de Castelleno et de Montratier, Sr de Bourdeau, Monthelon et autres lieux, hérita de Chaseu. Il avait épousé Jeanne Palatine de Dio Montperroux.

Sous Marie-Roger de Langheac, un seul fait peu important en lui-même, mais empreint de couleur locale, est à signaler en 1728. C'est une instance occasionnée par la plainte d'un manouvrier de Laizy, Louis Dulas, contre le laboureur François Milot.

Objet de la querelle : un pommier mitoyen. Milot, après de copieuses injures réciproques s'oublia jusqu'à décharger plusieurs coups de « son long bois » sur les épaules et sur la tête de Dulas. Celui-ci cria comme un perdu, remua tout le village et fit si bien que le châtelain royal de Glenne, Sébastien de Lagoutte, bailli et juge ordinaire de Chaseu, dut intervenir, ordonna une enquête et requit le chirurgien Masson d'aller visiter Dulas. L'enquête, longue et minutieuse, démontra que les épaules de ce dernier n'avaient pas de mal et que le coup porté à la tête avait été paré du bras gauche. Le chirurgien n'eut à constater dans son rapport « qu'une très petite plaie superficielle entre le carpe et le métacarpe. » Il conclut, en outre, que ladite plaie serait guérie au bout de huit jours, sans que Dulas soit empêché de vaquer à ses occupations ordinaires. Et c'est tout!..... Mais cette égratignure eut l'avantage d'occuper pendant de longues semaines le juge et le greffier de Chaseu [1]. En vérité, la paperasserie n'était pas le moindre malheur des temps!

1. Arch. de Saône-et-Loire. Dossier de Chaseu.

IV

LES POSSESSEURS DE CHASEU AU DIX-HUITIÈME ET AU DIX-NEUVIÈME SIÈCLE

Roger de Langheac n'eut pas à cœur de conserver l'héritage de famille. Par acte du 13 septembre 1730, reçu Me Bailly, notaire à Autun, il vendit la totalité des domaines de Chaseu à *Jean-Baptiste Rabiot*, écuyer, Sr de Meslé, et à dame Françoise Nault son épouse. La vente fut consentie moyennant le prix de 120,000ll, y compris 18,000ll pour les meubles et les bestiaux.

J.-B. Rabiot reprit le fief de Chaseu le 8 août 1731. [1]

L'année suivante nous offre un nouvel exemple d'intervention de la justice à Chaseu. Le fait n'avait, en somme, pas plus de gravité que la plainte du manouvrier Dulas, et si je le mentionne, c'est qu'il donne un aperçu de la manière assez arbitraire dont le fermier du péage exerçait parfois ses droits.

Un jour que Lazare Raby, laboureur à la Chassagne, passait près de Laizy, il fit la rencontre d'un de ses parents « du village de Poilly » qui conduisait quatre bœufs à la foire d'Autun. Ce parent lui demanda de laisser coucher les quatre bœufs dans une de ses pâtures, ce qui lui fut accordé. Puis, pour cimenter le marché, on entra chez le cabaretier Levitte. Comme nos deux compères venaient de s'attabler, survint François Millot, ce même laboureur que nous avons déjà vu jouer si dextrement « du long bois » contre Dulas. Millot était alors fermier du péage de Chaseu, ce qui lui donnait de l'importance. Flairant dans le passager un client à exploiter, il s'installa sans cérémonie à sa table et se fit payer consécutivement deux pintes de vin. Ces deux pintes

1. Arch. de la Côte-d'Or, B, 10986.

ne lui suffisant pas, il en réclama une troisième. Mais Raby et son parent étaient las d'abreuver un pareil gouffre. Ils refusèrent et se levèrent pour sortir.

C'est là que Millot les attendait. Il menaça de faire saisir les quatre bœufs qui n'avaient pas acquitté le péage, disait-il, et se répandit en injures contre Raby. En vain celui-ci lui objecta que les bœufs s'étaient arrêtés plus de deux cents pas avant le poteau indicateur, Millot le traita de b..... de gueux, de chien, et lui envoya un grand coup de poing dans l'estomac. C'est alors qu'entra en scène le conducteur des bœufs. Indigné de voir ainsi maltraiter son parent, il s'élança sur Millot et lui aurait fait un mauvais parti sans l'intervention des assistants. Le fermier du péage perdit incontinent son courage et sa hablerie ; il s'enfuit, poursuivi par son nouvel agresseur qui le traitait de voleur et de fripon. Millot parvint à sa maison, s'y barricada et n'en sortit plus avant que le bouvier ne s'en fût allé.

Il est superflu de dire le bruit que fit cet événement dans la région. Le juge de Chaseu, saisi de l'affaire, provoqua enquêtes sur enquêtes, déploya toutes les complications de la procédure, sans que nous soyons instruits du résultat. Trop heureux le bouvier, si l'un de ses quatre bœufs ne passa point dans les frais de justice. [1]

On ignore à quelle époque mourut J.-B. Rabiot, mais Chaseu était en la possession de *Denis-Louis Rabiot*, Sr de Meslé, lorsque ce dernier vint à mourir, en 1763.

Il laissait, entre autres héritiers, un fils, François-Victor Rabiot, qui dut se résigner à laisser mettre en séquestre les domaines de Chaseu, en raison du mauvais état des affaires de son père défunt.

Durant près de trois années, les domaines de Chaseu furent affermés par *le séquestre* à quatre associés, Pierre Dufresne, marchand à Laizy, J.-B. Guyot, de Chaseu,

1. Arch. de Saône-et-Loire. Dossier de Chaseu.

Simon Marconnet et Charles Rebrejet, d'Étang, qualifiés fermiers judiciaires. Pierre Dufresne fut, le premier, chargé de l'administration.[1]

A cette date, la recette brute de tous les domaines s'élevait à 21,825^{ll} 12 s. 1 d., et la recette nette à 16,200^{ll} 8 s. 6 d. dont la plus grande partie était versée au séquestre.

J.-B. Guyot prit, après Dufresne, l'administration de la communauté. Relevons, dans ses comptes de 1765, les chiffres de bénéfices revenant aux associés, tous frais et fermages payés :[2]

Le profit net accusé par Guyot s'élève à 2,449^{ll} 8 s., plus 424^{ll} 9 s. qu'il redevait à la communauté, plus 1,281^{ll} pour surcroît de l'estimation des bestiaux, en tout 4,154^{ll} 17 s. Sur quoi Guyot redevait à la communauté 3,757^{ll} 8 s.

Ce fut une occasion pour lui de faire valoir certaines réclamations au sujet de sa gérance. Il lui avait été alloué annuellement, au début de sa régie, 1,200^{ll}, mais il était secondé par deux autres régisseurs dont l'un était payé 1,000^{ll} et l'autre 1,200^{ll}. Les trois régies ayant été, dans la suite, réunies en une seule, Guyot qui avait, en outre, touché pour aller rendre ses comptes à Paris, une indemnité très insuffisante, demandait une somme supplémentaire de 2,000^{ll} en plus de ses appointements.[3]

Au reste, l'association des fermiers judiciaires touchait à son terme. Chaseu fut adjugé, par décret, le 22 mai 1765, à *J.-B. de Mac Mahon d'Éguilly*[4], pour le prix de 263,350^{ll}.

1. Voici, à titre documentaire, un mémoire de l'estimation des bestiaux de Chaseu, fourni le 4 août 1763 :

A la Basse Cour, 803^{ll} ; à Chaseu, domaine, 1,630^{ll} ; au Save, 1,940^{ll} ; à Bouhin, domaine, 1,300^{ll} ; à Bouthedey, 1,180^{ll} ; à Lormey, domaine, 1,530^{ll} ; à Serna, domaine, 1,940^{ll} ; à Laizy, 1,400^{ll} ; au Mousseau, 930^{ll} ; au Moulin, 360^{ll} ; cheptel de Bouhin, 210^{ll} ; cheptel de Serna, 500^{ll} ; le Garde, 96^{ll} ; les Quatre-Vents, 311^{ll} ; aux Chaumottes, 1,600^{ll} ; au Réallet, 114^{ll}. — Total : 15,844^{ll}. (Arch. de Saône-et-Loire. Dossier de Chaseu.)

2. Arch. de Saône-et-Loire. Dossier de Chaseu.

3. Id.

4. Les Mac Mahon portèrent : « d'argent à trois lions léopardés de gueules, armés et lampassés d'azur, la tête contournée posés l'un sur l'autre. »

L'acte de vente fut insinué au bureau d'Autun, le 4 août suivant, et la reprise de fief se fit cinq jours après. [1]

Mais c'est le 12 juin 1766 seulement que le régisseur Guyot rendit au nouveau seigneur de Chaseu ses comptes homologués par le tribunal. Guyot, par ces comptes, se trouva redevable de 1,644^{ll} 3 s. 7 d. ; de 108 aunes de toile et de quelques vieux meubles qui lui avaient été, disait-il, abandonnés par feu Rabiot, en 1762. [2]

Le nouveau seigneur de Chaseu descendait d'une famille irlandaise réfugiée en France avec les Stuarts. Nous ne connaissons de lui que son testament daté du 18 septembre 1775 et conservé aux archives de Saône-et-Loire. [3]

Il ordonne, comme dispositions essentielles, qu'il soit dit 3,000 messes pour le repos de son âme ; faisant une pension viagère de 1,500 livres à son frère Maurice de Mac Mahon, chevalier de Malte ; laissant à la marquise sa femme, l'usufruit universel de tous ses biens meubles et immeubles, et léguant 60,000^{ll} à chacune de ses trois filles, la moitié des terres de Cussy et de Chaseu à Maurice-François de Mac Mahon de Chavenay, son fils puîné, et le reste de tous ses biens à Charles-Laure de Mac Mahon de Vianges, son fils aîné.

Maurice-François de Mac Mahon fut cependant, après la mort de son père, le principal, sinon l'unique possesseur de Chaseu. Il était né à Autun, le 13 octobre 1754, passa mousquetaire noir en 1768 et capitaine de cuirassiers en 1773. Lorsque survint la Révolution, le seigneur de Chaseu était colonel de hussards du régiment de Lauzun, depuis 1785. Il émigra avec son frère aîné et encourut, par ce fait, la confiscation.

Cependant, par suite de combinaisons inexpliquées, certains revenus de la grande fortune des Mac Mahon échappèrent au fisc. M. Beaune, de Sully, leur dévoué régisseur, risquait sa liberté et sa vie deux fois par an pour

1. Arch. de la Côte-d'Or, B, 11055.
2. Arch. de Saône-et-Loire. Dossier de Chaseu.
3. E. 321.

porter à ses maîtres, sur la frontière de Belgique, des subsides en argent. Au surplus, son arrestation ne se fit pas attendre. Dénoncé, M. Beaune fut conduit à Paris et déposé à la conciergerie.

M. Roidot, dans sa notice sur le docteur Guyton[1], raconte comment le régisseur dut son salut à Fouquier-Tinville.

C'est que le farouche tribun avait vendu sa charge de procureur au Chatelet au fils aîné du docteur Tripier, ami de Beaune. Or, le nouveau procureur ayant découvert une traite de 4,000 francs qu'on avait négligé de payer à son prédécesseur, en avait apporté le montant à Fouquier-Tinville. Ce dernier, touché de cette délicatesse, ne put rester sourd aux sollicitations de Tripier et le laissa soustraire d'un carton la mise en jugement de son ami Beaune. C'est ainsi que le régisseur des Mac Mahon put attendre, oublié dans sa prison, la chute de Robespierre qui lui rendit la liberté.

Quant aux domaines de Chaseu, divisés en plusieurs lots pour être vendus comme biens nationaux, ils furent « délivrés » par lambeaux à divers acquéreurs, suivant adjudications prononcées par le directoire du district d'Autun, en juin et juillet 1794. Le 24 messidor an II, *Jean Charet*, marchand chapelier à Autun, se rendit adjudicataire du château et de la réserve de Chaseu. Le 12 thermidor, le domaine de la Basse-Cour de Chaseu, le plus proche du château, fut délivré, avec celui du moulin de Chaseu, aux citoyens *Claude Vadrot*, marchand à la Perrière, commune d'Étang ; *Léger Pidault*, marchand à la Tour-Bricard, commune de Brion, et *Philippe Hémelle*, marchand aux Quatre-Vents, commune de Laizy, associés acquérant tous droits indivisément. Quant aux autres fonds de Chaseu, domaine de Péage, domaine du Bourg, étang Bussy, etc....., ils furent adjugés aux citoyens Laplante, Thomas, Petit,

1. Mém. de la Soc. Éd., t. III, p. 191.

Rebourg, Bobin, Bretin, Chanlon, Aubert, Montcharmont, etc.

Des spéculations et des échanges multiples suivirent ces acquisitions des biens confisqués.

Par acte Gonon, notaire à Autun, du 26 floréal an III, Vadrot, Pidault et Hémelle partagèrent entre eux leurs acquisitions indivises.

Le domaine de la Basse-Cour fut attribué à Hémelle et celui du Moulin à Vadrot et à Pidault. Ces deux derniers revendirent leur part à Hémelle par acte Gonon du 29 messidor an III.

Suivant acte reçu par le même notaire, le 24 thermidor an III, J.-B. Bretin avait abandonné à Hémelle divers héritages acquis par lui le 12 thermidor an II; contre quoi Hémelle lui avait cédé les deux tiers du domaine de la Basse-Cour. Le troisième tiers de ce même domaine avait été passé à Jean Charet par acte Gonon du 28 germinal an III.

Mais ce n'est pas fini, et, le 12 vendémiaire an IV, Bretin et Charet procèdent, devant le même notaire, au partage du domaine de la Basse-Cour. Ils se font des attributions réciproques pour se constituer à chacun un domaine. De sorte qu'à la fin de 1796, Jean Charet, chapelier à Autun, se trouvait propriétaire du château, de la réserve de Chaseu et d'un domaine constitué par une partie de l'ancien domaine de la Basse-Cour. Philippe Hémelle restait possesseur du Moulin; et le surplus des biens ayant composé l'ancienne terre de Chaseu était réparti entre les mains de plusieurs autres acquéreurs.

Après sa rentrée en France, le comte de Mac Mahon chercha à reconstituer une partie au moins de ses propriétés. Suivant acte reçu Potier, notaire à Autun, le 20 thermidor an XI, Jean Charet lui revendit les biens qu'il avait acquis. Hémelle en fit autant par acte Guillemin, du 24 fructidor an XII. Enfin, quelques acquéreurs particuliers consentirent également à revendre leurs parcelles pour compléter le domaine de Chaseu, par deux actes reçus Potier, le 12 novembre 1810 et le 28 octobre 1823.

Mais cette facilité avec laquelle Hémelle et Charet entrèrent dans les vues du comte de Mac Mahon semble bien extraordinaire. N'auraient-ils pas, en cette circonstance rempli le rôle de fidèles prête-noms suscités par le régisseur Beaune, afin qu'ils pussent au retour de l'émigration, rendre les biens acquis au prix réel de l'acquisition payée en assignats ? Ce n'est qu'une hypothèse, mais qui s'est plus d'une fois réalisée à cette époque dans des cas analogues.

Maurice-François, comte de Mac Mahon, mourut à Autun le 21 mars 1831. Il était commandeur de l'ordre de Saint-Louis, et avait été successivement maréchal de camp en 1814, inspecteur général de la 19e légion de gendarmerie et lieutenant général en 1827.

Par son testament, déposé à Me Potier, le 24 mars 1831, il avait réglé le partage de ses biens et attribuait la propriété de Chaseu à son plus jeune fils, *Marie-Edme-Eugène*, officier d'infanterie.

C'est vraisemblablement vers cette époque que le château de Chaseu fut démoli pour employer une partie des matériaux à bâtir la ferme voisine, et une partie à construire la maison de M. Lhomme à la Grande-Cour. Cela ressort d'une note consignée par M. l'abbé Lacreuze dans le registre paroissial de Laizy. Mais, bien qu'il fasse remonter cette démolition avant l'année 1840, il est impossible d'en fixer une date certaine.

Marie-Edme-Eugène de Mac Mahon, éloigné par sa carrière de ses terres de Chaseu, prit le parti de les vendre. Il trouva acquéreur en la personne de *Jean-Louis Bouhéret*, propriétaire à Voudenay, et passa l'acte chez Me Guye, notaire à Autun, le 13 novembre 1840. Cet acte mentionne : « une propriété sise à Laizy, dite la Terre de Chaseu et comprenant : 1° le domaine de Chaseu..... où se trouvent les restes de l'ancien château de Chaseu et les fossés qui l'entouraient..... et 2° le domaine dit du Moulin de Chaseu. »

Jean-Louis Bouhéret mourut en 1856, laissant trois fils dont l'aîné, *Edme-Denis Bouhéret*, demeura propriétaire de Chaseu jusqu'en 1887, date de sa mort. La propriété fut alors indivise entre les deux frères du défunt, *Jean-Louis-Alfred* et *Louis-Lazare-Émile*. Mais ce dernier, à la mort de Jean-Louis, son frère, en 1890, resta seul possesseur de Chaseu. C'est encore le propriétaire actuel, habitant le Nivernais où il écoule une verte vieillesse dans sa propriété de Mongazon.

LISTE CHRONOLOGIQUE

DES SEIGNEURS ET PROPRIÉTAIRES DE CHASEU

L'Évêché d'Autun............	avant le treizième siècle.	
Jean Ier de Longvy...........................		1298
Mathieu Ier de Longvy........................		1323
Henry de Longvy..............................		1371
Jean II de Longvy............................		1382
Mathieu II de Longvy.		
Le sire de Chastellux et Jeanne de Longvy...	vers	1430
Le chancelier Nicolas Rolin.................	vers	1434
Le cardinal Jean Rolin........................		1461
Sébastien Rolin...............................		1483
Pierre et Jean Rolin..........................	vers	1515
Jean Charvot et Isabeau du Colombier.......	vers	1540
Claude Rolin et Antoine d'Orges...............		1546
Hugues de Rabutin.........................	avant	1582
Antoine de Rabutin et Claudine d'Orges.....	vers	1582

Odinet de Montmoyen et Renée de Livron........ 1598
Antoine et Marie de Montmoyen................ 1604
Léonard de Chissey.
Chrétienne de Chissey et Jean de Senailly. — Léonor de Rabutin............................ vers 1630
Diane de Cugnac.............................. 1647
Roger de Bussy-Rabutin....................... 1648
Louise de Rabutin M^ise de Coligny............... 1694
Marie-Roger de Langheac...................... 1716
Jean-Baptiste Rabiot de Meslé................. 1730
Denis-Louis Rabiot de Meslé.............. vers 1760
Séquestre.................................... 1763
Jean-Baptiste de Mac Mahon d'Éguilly........... 1765
Maurice-François de Mac Mahon.......... vers 1775
Jean Charet, Vadrot, Pidault, Hémelle et autres.... 1794
Maurice-François de Mac Mahon................. 1803
Marie-Edme-Eugène de Mac Mahon............... 1831
Jean-Louis Bouhéret.......................... 1840
Edme-Denis Bouhéret.......................... 1856
Jean-Louis-Alfred et Louis-Lazare-Émile Bouhéret. 1887
Louis-Lazare-Émile Bouhéret................... 1890

TABLEAU GÉNÉALOGIQUE

POUR LA DÉVOLUTION DE CHASEU, DEPUIS SÉBASTIEN ROLIN JUSQU'EN 1730

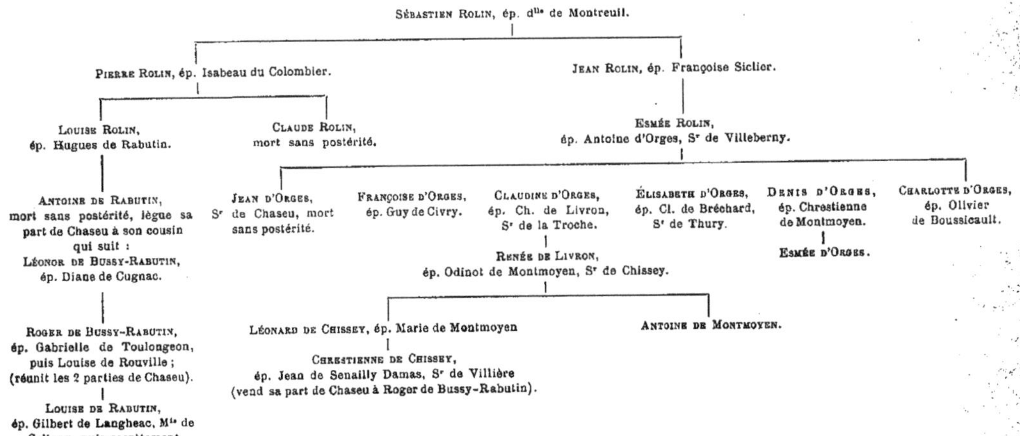

PIÈCES JUSTIFICATIVES

I

Jehan de Longvy, ecuyer
reprend de fief du duc Robert ce qu'il tenait de franc-alleu en la terre de Chazeu.

27 novembre 1298.

Je Jehans de Loncvi escuier fais asavoir à tous que les chouses toutes que je tenois en la terre de Chasuel vers Ostun de franc aleu devant la confection de ces lettres je hai prises en fie de très noble prince mon cher seigneur Robert duc de Borgoigne por titre de vendue. Cest asavoir por tel pris come noble hons Jehans de Vergey sires de Fonvent et seneschauz de Borgoigne dira estre raisonable, sahue la valour desdites chouses. En tesmoignaige de laquelle chouse je hai prie ledit seigneur de Fonvent et noble hons Monsr Liebaut Sr de Bofremont que il metteint lor seauls en ces lettres parceque je ne hai point de seaul.

Et nous Jehans de Vergey, sires de Fonvent et seneschauz de Borgoigne et Liebaut, sire de Bofremont et mareschauz de Borgoigne à la requeste et à la prière de Jehans de Loncvi devant dit, havons mis nos seaulx en ces présentes lettres.

Donné à Rouvre, le jeudy devant la feste saint Andrieu lan de grace mil dues cenz quatre ving dix et huit.

Il ne s'y trouve que le sceau de Vergy à demi rompu.

(Archives de la Côte-d'Or, B, 10488.)

II

Philippe IV, roi de France déclare que Jean de Longvy, damoiseau, a repris de fief du duc de Bourgogne la moitié des terres de Chaseu et de la Rochette-sur-Arroux, et ce pour 200^ll de petits tournois.

Octobre 1302.

Philippus, Dei gracia Francorum rex, notum facimus universis tam presentibus quam futuris quod constitutus in nostra presencia Johannes de Longovico domicellus dominus de Royons, accepit in

feodum et homagium a dilecto et fideli nostro duce Burgondie et promisit se et successores suos ab eodem duce ejusque successoribus in feodum et homagium ligium tenere perpetuo medietatem terrarum de Chaseul et de Rocheta super Arro quam in allodium se tenere dicebat, ipsamque medietatem ipsius ducis feodo et homagio ligio perpetuo supposuit et asseruit cause affectam mediantibus ducentis libris parvorum Turonensium solutis sibi propter hoc ex parte dicti ducis traditis et deliberatis in pecunia numerata. Et promisit sub omnium bonorum suorum obligatione promissa tenere firmiter perpetuo et inviolabiliter observare, et contra hec per se vel per alium in posterum non venire, sed de eis dicto duci ejusque heredibus legitimam garendiam portare erga omnes juri super hoc parere volentes, se heredes et successores suos ad hoc specialiter obligando. Et omnia dampna, custus, expensas et interesse dicto duci reddere et solvere que quos et quas dictus dux dicet solo suo simplici verbo, se fecisse, incurrisse et habuisse pro defensione dicte garendie non portate. Renuncians in hoc facto exceptioni dicte supreme pecunie sibi propter hoc non solute, non tradite, non numerate et non deliberate ; exceptioni deceptionis ultra dimidiam justi precii et alterius circonventionis cujuscumque et aliis omnibus tam juris quam facti exceptionibus que possent contra premissa ob(j)ici vel aliquod premissorum ; et specialiter juri generalem renunciationem reprobanti. Quod ut firmiter permaneat in futurum presentibus litteris nostrum fecimus ad requisitionem dicti Johannis apponi sigillum, salvo in omnibus nostro et alieno jure. Actum apud Bellam Quercum mense octobri anno Domini millesimo trecentesimo secundo.

Grand sceau encore entier de Philippe, roi de France, en cire verte, sur 3 lacs de soie rouge et verte.

III

Jean de Longvy fait savoir qu'après avoir acquis de nouveau la moitié de la ville de Chaseu pour 300^li de petits tournois, il tient en fief toute ladite ville de Chaseu.

2 août 1308.

Ego Johannes de Longo Vico dominus de Reon, miles, notum facio quod cum ego a retroactis temporibus tenerem in feodum a domino Duce medietatem dicte ville de Chasuy et appendiciarum ipsius, de novo acquisierim ego eamdem medietatem de novo acquisitam capio in feodum a dicto Duce pro trecentis libris turonensibus parvorum bonorum ita quod nunc a dicto Duce teneo in feodum totam villam de Chasuy predictam cum ejus appendiciis universis.

Datum die sabbati post festum beati Petri ad Vincula anno Domini millesimo trecentesimo octavo.

Scellé du sceau encore entier de Hugues, abbé de Saint-Étienne de Dijon.
(Archives de la Côte-d'Or, B, 10491.)

IV

Henry de Longvy, Sr de Raon reprend de fief du duc de Bourgogne la maison forte de Chaseu avec ses dépendances et plusieurs autres fiefs et arrière-fiefs.

10 mai 1371.

A tous ceulx qui verront et ourront ces présentes lettres, nous Henry de Longvy Sr de Raon, de Faucoigney et de Chasuilz faiccons savoir que nous cognoissons et confessons tenir en fie et homaige de très-excellent prince Monsr le duc de Bourgoingne notre maison forte de Chasuilz, ansamble toute la terre, appartenance et appendise, en justice grant et petite pour la forme et manière que nos devanciers les ont tenus de fie de notredit seigneur dancienneté. Item cognoissons et confessons nous tenir en rerefie de mondit S[r] la terre de Molenay et de Patigny, laquelle Madame Alipse de la Perrière dame de Cousant tient en fie de nous. Item en rerefie la terre de Champtar, de la Roiche de Gormandet, de Recuange et de Montorteul, du Pont d'Anson et les appartenances, lesquelles messire Girard de Bourbon Sr de Montperroux notre niepz tient en fie de nous. Item en rerefiez la terre de Pantonge, de Bourdeaul de la Grange, laquelle Jehan de Brion tient en fie de nous. Item la terre de Croulz Morun laquelle le fils de Mons. Joceren du Guey tient en fie de nous. Item la terre de Bouyn, de Patigny, de la Vaul, de Bonne Fontaine et toute la terre qui tenoit Estienne Bouyn ou temps quil vint de vie a trespassement, laquelle li hoirs dudit Estienne tenent en fie de nous. Item en rerefie la terre de Broyes laquelle Girard de Chemilley tient en fie de nous. Item en rerefie la terre de Huguenin Boutechuche que il a ou parrochaige de Broyes laquelle ledit Huguenin tient en fie de nous. Item en rerefie la terre de Poisot ou parrochaige de Broyes qui fut Guillaume de la Mote Loisey, laquelle Huguenin Porchot ou temps quil vivoit reprit de fie nous. Item en rerefie la terre de Patigney laquelle Guiot de Patigney, Girard Dambli, le fils au Coursiers, tenent de fie de nous. Item en rerefiez la tour de Parrecey et toute la terre appartenant à ladittc tour, laquelle Jehan de Parrecey tient en fie de nous. Item en rerefie la terre que Guillemette de Couvaulz tient en fie de nous. Item la terre de Byen de la Courelle et toute la terre que les hoirs Fromaiges, Simonin de Vaulz, Simonin de Lestang Bordeaul tenent en fie de nous. Item toute la terre de Patigney et de Bonne Fontaine laquelle Guiot de Leschinaul a cause de sa femme tient en fie de nous et avec ce la terre de la Vaul Benoite que tient ledit Guiot ou nom que dessus en fie de nous. Item en rerefie toute la terre du Verne et les appartenances, laquelle Jehan du Verne et son niepz tenent en fie de nous. Item en rerefie une piece de gros bois assise en forest laquelle les hoirs Mons. Guillaume de Somant tenent en fie de nous. Item toutes les chouses que les dessus nommes et autres quelx qui soient tenent en fie de nous à cause de notre maison de Chasuilz tenons en rerefie de notredit seigneur et promettons en bonne foy pour nous et pour les nôtres lesdits fiez et rerefiez non advoutre dautre et iceulx fiez et rerefiez bien et loyaument desservis pour la maniere que li cas desserve. En tesmoing de laquelle chouse nous avons mis notre scel avec le saing manuel du notaire cy dessoubz escript en ces presentes lettres qui furent faittes et données le dixiesme jour de may lan de grace mil CCC soixante et onze.

Scellé du sceau de Longvy, « d'(azur) bandé d'(or). »

(Arch. de la Côte-d'Or, B, 10519.)

V

Les gens des Comptes déclarent avoir reçu foi et hommage de Claude Rolin pour la moitié de Chaseu à lui dévolue, par suite du décès de Pierre Rolin, son père.

24 mars 1548.

Les Gens des Comptes du Roy nostre sire à Dijon au bailly d'Ostun ou à son lieutenant, et aux procureur et recepveur ordinayre pour ledit sire oudit bailliage ou à leurs substituz et comis salut, scavoir faisons que ce jourdhuy datte de cestes, Claude Rollin escuyer seigneur de Chaseul pour la moytie, a faict au Roy a nos personnes les foy et homage quil estoit tenu faire pour raison et à cause de ladite moytie de fie de Chaseul a luy escheutte et advenue par le deces de feu Pierre Rollin son père comme et mouvant du fied du Roy nostre sire a cause de son duché de Bourgogne; ausquelz foy et homage nous, en vertu du pouvoyr a nous sur ce donné par ledit sire avons receu ledit Rollin, saufz en ce le droict dudict sire et l'auttruy en toutes. Si vous mandons et a chacun de vous si comme a luy appertiendra que si pour cause desdits foy et homage non faiz ladite moytie de fie estoyt pour ce prise saisie ou aultrement empeschee, en ce cas mettez luy ou faictes mettre incontinant et sans delay a pleine et entière delivrance du jour et datte de la reception de cestes Cour, veu quil baillera ou envoyra en cestes chambre des Comptes son adveu et denombrement de ladite moytie de fie, payera les aultres droictz et debvoyrs a vous recepveurs si aucuns en sont pour ce deuz si faiz et payez ne les a, et aussi quil ny ayt aucune chose du domaine dudit sire ny aultre cause raisonnable dempeschement pour quoy ainsi faire ne se doibve. Laquelle ou cas quelle y seroyt nous escripviez affin de ce. Donne soubz nos signes, le XX IIII[e] de mars mil cinc cens quarante huit. — A. BROCARD.

Autun. - Imp. Dejussieu

www.ingramcontent.com/pod-product-compliance
Ingram Content Group UK Ltd.
Pitfield, Milton Keynes, MK11 3LW, UK
UKHW022135260726
13993UKWH00003B/1443

9 782019 939182